W0330612

Emil Zopfi

Die Schweiz von oben
La Suisse vue du ciel
Switzerland: an Overview

Texte:
Iso Camartin
Emil Zopfi
Benedikt Loderer
Peter Stamm
Peter Krebs

Fotos:
Ruedi Cahenzli
Marcel Kunz
Urs Tanner
Robert Bösch
Christof Sonderegger
Bernhard Edmaier

AS Verlag

www.as-verlag.ch

© AS Verlag & Buchkonzept AG, Zürich 2004
Übersetzung ins Französische: Elfie Schaller-Gehenn, Tann ZH
Übersetzung ins Englische: John G. O'Brien, Basel
Bildredaktion: Heinz von Arx, Zürich
Gestaltung: www.vonarxgrafik.ch, Heinz von Arx, Urs Bolz, Zürich
Textredaktion und Lektorat: Andres Betschart, Karin Steinbach Tarnutzer, Zürich
Druckvorstufe: Matthias Weber, Zürich
Lithos: Ast & Jakob AG, Köniz
ISBN 3-909111-01-7

Bildnachweis:
Robert Bösch: S. 44, 45, 137, 164, 165
Bernhard Edmaier: S. 26/27
Christof Sonderegger: S. 25, 56/57
Alle anderen Aufnahmen stammen
aus der Sammlung Luftbild Schweiz.

INHALT

TABLE DES MATIÈRES

CONTENTS

DISTANZ UND ÜBERSICHT

Iso Camartin

Wer aus der Vogelperspektive die Schweiz betrachtet, ist gleichzeitig entzückt und entsetzt. Manchmal möchte er aufjubeln vor Sehglück. Manchmal dreht sich in ihm alles, wenn ihm die schematische Stupidität vor Augen kommt, mit welcher wir unsere Landschaften vielerorts schon verändert haben. Und doch wird letztlich – bei allem Unterschied des Temperaments der Betrachtenden – nicht Zorn und Entsetzen das stärkste Gefühl sein, das uns befällt beim Anblick der Schweiz aus der Höhe. Es ist schon eher unbegreifliche Verwunderung über das Gewaltige, das sich da vor den Augen ausbreitet. Und es ist eine seltsame Zufriedenheit über die nur beschränkten Möglichkeiten von uns Menschen, daran viel zu ändern.

Die Schweiz, von oben und aus der Distanz betrachtet, ist nicht ein kleines Land und nicht ein bescheidenes Land. Da ist nichts von Enge und nichts von Sparsamkeit. Da ist nur eine unbeschreiblich eindrucksvolle Naturanlage, die in ihrer Grösse, Wucht und Radikalität erst einmal wahrgenommen und angenommen sein muss.

Theodor W. Adorno hat zur hochalpinen Engadiner Landschaft einmal bemerkt, sie «atme keine mittlere Humanität aus». Was Friedrich Nietzsche an ihr fasziniert haben dürfte, sei die Erfahrung einer Grenze, jenseits deren nicht mehr das Leben, sondern der Tod herrsche. Man sei hier dem Kosmos näher als der wärmenden Erde. – Das gilt vielleicht noch mehr für den Anblick der Alpen aus der Höhe. Die Fels- und Firnlandschaft scheint nicht dem Menschen zugedacht. Sie liegt da, als harre sie Grösserem entgegen, als Menschen es sind.

Die nachhaltigste Erkenntnis über die Schweiz aus der Vogelperspektive ist aber nicht dieses Gewaltige und Monumentale, dieses Massive und Stabile, das die Gebirge uns so deutlich vors Auge rücken. Es ist auch nicht die bäuerlich-heimelige Schweiz des Mittellands und nicht die Schönheit der See- und Flusslandschaften mit ihren Städten und Dörfern. Es ist nicht einmal die Kühnheit, mit der der Mensch verändernd eingegriffen hat, um der gewachsenen und naturgegebenen Schönheit eine andere entgegenzusetzen: die der schönen Gestaltung und der gewagten Konstruktion.

Nein, der bleibende Eindruck über alle Einzelheiten und Besonderheiten hinaus kann nur lauten: Die Schweiz ist ein offenes Land. Ein sich geradezu unbeherrscht in alle Himmelsrichtungen öffnendes Land. Alles fliesst, strömt, verläuft sich sanft hinüber in die Länder der Nachbarn. Wie erfolglos späht man doch von oben, um den Verlauf der Grenzen dieses Landes zu erkennen. Die Geografie hat eine andere Logik als die Geschichte. Die Natur spricht bezüglich unserer Zugehörigkeit zu den Nachbarn eine andere Sprache als die Politik. Man braucht deswegen die Sprachen der Ökonomie, der Politik, der Kultur nicht zu überhören. Dennoch will die Lektion aus der Luft beherzigt sein: Alles ist auf Offenheit angelegt, aufs Miteinander. Die Engen wollen sich weiten, die Schranken verlangen nach Öffnung, das Leben drängt übers Eigene hinaus. Man sollte den helvetischen Befürwortern von Isolation und Eigenbrötlerei eine Flugreise schenken, damit sie – von oben auf die Realitäten niederblickend – ihre Scheuklappen abwerfen, den Blick weiten und ihr geliebtes Land so sehen, wie es ist: rundum sich öffnend.

Wer das erkannt hat, freut sich wieder an der Naherfahrung seines Landes. Die unterschiedlichsten Stimmen zu hören, die vielfarbigen Gesichter zu sehen, den Wechsel der Lebensart, wenn man von Osten nach Westen und von Norden nach Süden zieht. Auf kleinem Raum so reiche Töne, so bunte Farben, so viel Wandel und Bewegung!

Was soll der Jammer? Es ist schön, hier zu leben.

RECUL ET VUE D'ENSEMBLE

Iso Camartin

Ceux qui contemplent la Suisse à vol d'oiseau sont à la fois ravis et horrifiés. Parfois, le bonheur de voir leur ferait pousser des cris d'allégresse. Parfois, ils sont bouleversés quand, devant leurs yeux, s'étale la stupidité schématique avec laquelle nous avons déjà transformé nos paysages en maints endroits. Et pourtant, en définitive – compte tenu de la différence de tempérament entre ceux qui regardent – la colère et l'horreur ne seront pas les sentiments les plus forts qu'on éprouvera en regardant la Suisse de très haut. Ce sera plutôt un insaisissable étonnement en face du tableau monumental qui s'étale là sous nos yeux. Et aussi une étrange satisfaction à la pensée des possibilités limitées que nous avons, nous autres humains, de les changer profondément.

La Suisse, vue d'en haut et à distance, n'est ni un petit pays, ni un pays modeste. Pas question d'exiguïté et de parcimonie. Il n'y a là qu'un ensemble naturel indescriptiblement impressionnant qu'il convient d'abord de percevoir et d'accepter dans sa grandeur, sa masse, son absoluité.

Theodor W. Adorno a fait remarquer un jour au sujet du paysage de haute montagne engadinois qu'il «ne respirait pas une humanité de nature moyenne». Ce qui a probablement fasciné Friedrich Nietzsche dans ces sites, c'est l'expérience d'une limite au-delà de laquelle ne règne plus la vie, mais la mort. Il jugeait qu'on y était plus proche du Cosmos que de la Terre qui réchauffe. Cela est peut-être encore plus vrai pour les Alpes vues du ciel. Le paysage de roches et de névé paraît ne pas être destiné à l'être humain. Il s'étale là comme s'il attendait la venue d'un élément plus grand que l'homme.

Mais l'impression la plus durable qui nous reste de la Suisse vue à vol d'oiseau, ce n'est pas ce caractère imposant et monumental, cet aspect massif et stable que les montagnes nous font apparaître si nettement. Ce n'est pas non plus la Suisse rurale, évocatrice d'intimité, du Moyen-Pays, ni la beauté des sites de lacs et de cours d'eau avec leurs villes et leurs villages. Ce n'est même pas la hardiesse avec laquelle l'homme est intervenu pour la transformer, pour opposer à sa beauté naturelle et organique une autre beauté, celle des réalisations esthétiques et des constructions audacieuses.

Non, l'impression qui subsiste au-delà de tous les détails et toutes les particularités ne peut que se formuler ainsi: la Suisse est un pays ouvert, un pays qui s'ouvre réellement sans retenue à tous les vents. Tout coule, afflue, se perd en douceur dans les pays des voisins. C'est en vain que l'on s'escrime à discerner d'en haut le tracé des frontières de ce pays. La géographie a une autre logique que l'histoire. La nature parle un autre langage que la politique quant aux limites entre voisins. Ce n'est pas une raison pour fermer l'oreille aux langages de l'économie, de la politique, de la culture. Il faut néanmoins prendre à cœur la leçon que nous donne le pays vu du ciel: tout est conçu pour l'ouverture, pour la cohabitation. Les voies étroites veulent s'élargir, les barrières demandent à s'ouvrir, la vie rayonne irrésistiblement au-delà de son propre noyau. On devrait offrir aux partisans helvétiques de l'isolement et du particularisme un voyage en avion afin que – jetant d'en haut un coup d'œil sur les réalités – ils laissent tomber leurs œillères, élargissent leur vision et voient leur cher pays tel qu'il est: s'ouvrant de toutes parts.

Tous ceux qui auront reconnu cela se réjouiront de nouveau de vivre de près les choses de leur pays, d'entendre les voix les plus diverses, de voir les visages de différentes couleurs, le changement de la manière de vivre quand on passe d'est en ouest et du nord au sud. Il y a là tant de sons, tant de coloris, tant d'évolution et de mouvement sur un espace restreint!

Trêve de lamentations! Il fait bon vivre ici.

DISTANCE AND OVERVIEW

Iso Camartin

Anyone who looks down on Switzerland from a bird's-eye view is simultaneously delighted and dismayed. Sometimes we could shout with happiness at the beauty of what we see. Or sometimes we can become dizzy at seeing the systematic stupidity with which many of our landscapes have been distorted. Yet in spite of it all – even with all the differences of temperament of the beholders – it is not anger and shock that is the strongest feeling that overcomes us on seeing Switzerland from the air, but rather an incomprehensible admiration of the astounding majesty spread out before our eyes. And, yes, we feel a strange sort of satisfaction at the only limited possibilities of us humans to do much to change it.

Switzerland, when seen from above and from a distance, is neither a small country nor a modest one. There is nothing narrow, nothing frugal about it. Down there is nothing but an indescribably impressive natural landscape that in size, massiveness and radicality must simply be seen to be believed.

The German philosopher Theodor W. Adorno once made the remark that the high Alpine Engadine landscape "does not emanate an average humanity". What is reported to have fascinated Friedrich Nietzsche about it is that he experienced a limit beyond which there is no longer the realm of life but of death. Here one is closer to the cosmos than to the warmth of the earth. This may perhaps be even more true when the Alps are seen from above. The landscape of rocks, cliffs and snow does not seem to have been formed with man in mind. It lies there as if waiting for something yet greater than man.

The most lasting knowledge about Switzerland seen from the air is not this awesomeness or monumentality, this massiveness and stability that the mountains present so clearly to our eyes, nor is it the rustic-cosy Switzerland of the midland country, or the beauty of the lake and river landscapes with their cities and villages. It is not even the boldness with which human beings have made changes in the landscape, opposing the natural-grown and nature-given beauty with another one: that of beautiful design and daring constructions.

No, the lasting impression beyond all these details and specific features can only be this: Switzerland is an open country, one that opens out, virtually unbounded, in all directions. Everything is flowing, streaming, coursing gently towards its neighbouring countries. It is an utterly hopeless task to try and trace the borders of this country from above. Geography has a different logic than history. On the subject of Switzerland's affiliation to its neighbours, Nature speaks another language than politics. Of course, we must for all that still not fail to heed the languages of economy, politics or culture. But the lesson of an aerial view – an overview – of Switzerland must be taken to heart: everything is aimed at openness, togetherness. The narrow places strive to widen out, the enclosed places struggle to break out, life is pushing beyond what is "one's own". All those Swiss who favour isolation and reclusion should be given a free ticket for a flight over their country; then they can look down on the realities and throw away their blinders as they widen their view and see their beloved land as it is: opening out everywhere.

Whoever has seen this can again take pleasure in experiencing his or her country up close. Then one can hear the widely different voices, the various coloured faces and the varying lifestyles as one travels from east to west and from north to south – in such a small space, such rich sounds, such myriad colours, such change and movement!

What are we complaining about? It's great to live here.

BERGE, GLETSCHER, TÄLER, PÄSSE: **DIE GEBIRGIGE SCHWEIZ**
MONTAGNES, GLACIERS, VALLÉES, COLS: **LA SUISSE MONTAGNEUSE**
MOUNTAINS, GLACIERS, VALLEYS, PASSES: **THE MOUNTAINOUS SWITZERLAND**

Emil Zopfi

Die Zähmung der Alpen

Berge sind unbequem. «Freie Sicht aufs Mittelmeer», forderten vor einigen Jahren junge Stadtmenschen und wollten die Alpen abschaffen. Freie Fahrt für schwere Lastwagen fordern die Nachbarn unseres Landes im Norden und Süden. «Wir wollen frei sein, wie die Väter waren», schwuren die alten Eidgenossen, verschanzten sich am Berg, vertrieben die fremden Vögte und steckten den Wegzoll für die Saumpfade über die Alpenpässe in die eigene Tasche. Die Begriffe Freiheit und Berg sind in unseren Köpfen historisch verkoppelt, jedoch mit unterschiedlicher Betonung. Die Alpen sind Hindernis und Schutzwall zugleich, und das macht sie interessant. Gäbe es sie nicht, wäre die Schweiz ein langweiliges Land oder, noch wahrscheinlicher, sie existierte gar nicht. «Nichts vermag dem nationalen Selbstbewusstsein der Schweizer ernsthaft Abbruch zu tun. Allerdings haben sie ein Massensymbol gemein, das ihnen allen jederzeit vor Augen steht und unerschütterlich ist wie das keines anderen Volkes: die Berge», schreibt Elias Canetti in seinem Buch «Masse und Macht». Doch weder Berg noch Bewusstsein bleiben heute von Erschütterungen verschont. «Suiza no existe» – die Schweiz existiert nicht: So stellte man sich 1992 an der Weltausstellung in Sevilla dar.

Was existiert denn nun wirklich in diesem Bergland? Der Blick aus der Luft zeigt Fels und Gletscher, Wald und Weiden, Hütten und Dörfer, Stauseen und Strassen, Bahnen und Bäche. Grenzen sehen wir keine. Aus der Höhe betrachtet, existiert die Schweiz tatsächlich nicht. Natürlich vermuten wir, dass irgendwo im Wald versteckt Grenzsteine hingepflanzt sind, auch wenn

Les Alpes apprivoisées

Les montagnes sont incommodes. «Libre vue sur la Méditerranée!» C'est ce que réclamèrent de jeunes citadins il y a quelques années en demandant que l'on rase purement et simplement les Alpes. «Libre passage pour les gros poids lourds», telle est l'exigence des voisins de notre pays au nord et au sud. «Nous voulons être libres comme l'étaient nos pères», ainsi jurèrent les anciens Confédérés, se retranchèrent dans la montagne, chassèrent les baillis étrangers et empochèrent eux-mêmes le péage pour les chemins muletiers franchissant les cols alpins. Les notions de liberté et de montagne sont historiquement accouplées dans nos têtes, mais avec des accentuations diverses. Les Alpes sont à la fois un obstacle et un rempart, ce qui les rend intéressantes. Si elles n'existaient pas, la Suisse serait un pays monotone ou, plus probablement encore, serait inexistante. «Rien ne peut porter sérieusement atteinte à la conscience nationale des Suisses. Il est vrai qu'ils ont en commun un symbole collectif qu'ils ont tous et en tout temps devant leurs yeux et qui est inébranlable comme ne l'est aucun symbole d'un autre peuple: les montagnes», écrit Elias Canetti dans son livre *Masse et Puissance.* Mais ni la montagne ni la conscience nationale ne sont à l'abri des bouleversements aujourd'hui. «*Suiza no existe*» (La Suisse n'existe pas!). C'est ainsi que notre pays se présenta en 1992 à l'Exposition universelle de Séville.

Qu'est-ce qui existe alors réellement dans ce pays de montagnes? Rochers et glaciers, forêts et pâturages, cabanes et villages, lacs de barrage et routes, voies ferrées et cours d'eau se présentent au regard du haut des airs. Des frontières, on n'en voit pas. C'est vrai, vue à vol d'oiseau, la Suisse n'existe pas. Nous sup-

The taming of the Alps

Mountains are troublesome. A few years ago, "an unhampered view of the Mediterranean" was the rallying cry of young city dwellers who wanted to do away with the Alps. Now, Switzerland's neighbours to the north and south are demanding the unhampered passage of heavy trucks. But the old Swiss confederates once swore, "We want to be free like our forefathers were." So they entrenched themselves in the mountains, drove away foreign administrators and pocketed the toll for the use of the mountain tracks over the Alps. To the Swiss mind, the words "freedom" and "the mountains" are historically coupled, but the emphasis varies. The Alps are a hindrance as well as a protective wall, and that's what makes them interesting. If it weren't for its mountains, Switzerland would be a dull country or, even more likely, it wouldn't even exist. "Nothing can seriously damage the national self-assurance of the Swiss. Indeed, they have a mass common symbol that is always before their eyes, one that is unshakable like that of no other people: their mountains", wrote the German author Elias Canetti in his book "Masse und Macht" (Mass and Power). Yet today neither the mountains nor the self-assurance of the Swiss remain spared from shocks like the statement with which Switzerland presented itself at the Seville World's Fair in 1992: "Switzerland does not exist!"

So what does really exist in this mountain country? The view from the air shows cliffs and glaciers, forests and fields, alpine huts and villages, man-made lakes, railways, roads and rivers. We see no borders. Looked at from above, Switzerland doesn't really seem to exist. Naturally, we suppose that there must be boundary stones somewhere

wir sie selbst noch nie gesehen haben. Einmal hat ein Mann das ganze Land zu Fuss umrundet, um sich zu vergewissern. Er hiess Vogel, aber Flügel hatte er nicht, sonst hätte er sich wohl in die Luft geschwungen und sogleich erkannt, dass die Grenzlinien, denen er folgte, Fiktion sind, in den Köpfen der Staatsgründer gewachsen und nicht in der Natur vorgezeichnet.

Auf den Gipfeln und in den Lüften

Wir aber fliegen. Das ist das Schöne am Bild und am Buch. Im Lehnstuhl sitzend und blätternd schweben wir über den Dingen dahin, ohne die Anstrengung des Aufstiegs auf uns nehmen zu müssen. Weder die Nordwand des Matterhorns noch das Felsgebiss der Kreuzberge schrecken uns. Wir können die Welt von oben betrachten und aus dieser Warte über sie philosophieren, ohne jeden Schweiss und ohne Gefahr. Andere haben die Mühsal vorweggenommen. Zum Beispiel Albert Bosshard, Lithograf und Maler aus Winterthur. Fünfzig Mal stieg er zwischen 1903 und 1916 im Auftrag des Schweizer Alpen-Clubs auf den Tödi, um ein Panoramabild der Sicht von seinem Gipfel anzufertigen, zwölf Farblithos sollte es umfassen, siebeneinhalb Meter lang werden. Er wollte «allen den begeisterten Freunden der Alpenwelt, denen es die physischen Eigenschaften oder andere Verhältnisse nicht gestatten, von dort aus hinabzusehen auf die Alpenwelt, ein möglichst getreues Abbild bieten von der Grossartigkeit und der Schönheit der Rundschau von dem höchsten Gipfel des Tödi». Vier Blatt waren auf Stein gezeichnet, zwei im Entwurf aquarelliert, als ihm der Club den Auftrag kündigte. Das Panorama, das Fern-Sehen des 19. Jahrhunderts, war durch die Fotografie abgelöst worden; Freiballon, Zeppelin und Flugzeug hatten den Blick über die Gipfel hinaus erweitert.

Ein anderer Panoramakünstler hat die Zeichen der Zeit schon früher erkannt. Albert Heim, der Altmeister der Schweizer Geologie, weilte im Sommer 1870 mit seiner Braut Marie Vögtlin drei Tage von Sonnenaufgang bis Sonnenuntergang auf dem

posons, bien sûr, que des bornes frontières cachées à nos yeux sont plantées quelque part dans la forêt, même si nous ne les avons jamais vues. Un jour, un homme a entrepris de faire à pied tout le tour du pays pour s'en assurer. Il s'appelait *Vogel* (Oiseau), mais n'avait pas d'ailes, sans quoi il serait monté dans les airs et aurait constaté que les lignes de frontière qu'il voulait repérer étaient une fiction, née dans les têtes des fondateurs d'Etats et non tracée dans la nature.

Sur les sommets et dans les airs

Nous, par contre, nous volons. C'est là le charme de l'image et du livre. Assis dans un fauteuil et feuilletant le volume, nous planons au-dessus des choses, sans devoir faire l'effort de l'ascension. Ni la paroi nord du Cervin ni la mâchoire de rocs des Kreuzberge nous font peur. C'est d'en haut que nous pouvons contempler le monde et, à partir de là, philosopher à son sujet, sans risques et sans sueur. D'autres ont pris ces peines avant nous. Albert Bosshard, par exemple, lithographe et peintre de Winterthour. Mandaté par le Club alpin suisse, il fit cinquante fois l'ascension du Tödi pour faire un tableau panoramique de la vue que l'on avait du haut de ce sommet. L'image devait comprendre douze lithographies en couleur et mesurer sept mètres et demi. Bosshard avait pour objectif de «présenter à tous les amis enthousiastes du monde alpin, auxquels leur condition physique ou d'autres circonstances ne permettent pas d'admirer de là-haut ce monde alpin, une image aussi fidèle que possible du caractère grandiose et de la beauté du panorama qu'offre le sommet culminant du Tödi». Quatre feuilles étaient déjà dessinées sur la pierre, deux autres esquissées à l'aquarelle lorsque le club annula sa commande. Le panorama, *télé-vision* du XIXe siècle, avait été supplanté par la photographie. Le ballon libre, le zeppelin et l'avion, montant plus haut que le sommet, avaient élargi le champ de la vision.

Un autre peintre de panoramas avait reconnu, plus tôt déjà, les signes des temps. En été 1870, Albert Heim, professeur d'université et géologue suisse (1849–1937), passa trois jours, du lever au coucher du soleil, sur le

down there in the forests and fields, even if we've never seen them ourselves. There was once a man who, just to make sure, actually followed the border around the whole country on foot. Though his name was Vogel (bird), he didn't have wings, otherwise he would have gladly taken to the air, but then he would have immediately seen that the borders he was following are a fiction, something that originated in the heads of the founding fathers and not something traced out in Nature.

On the peaks and in the sky

But here we're flying. That's the beautiful thing about a picture and a book. Sitting in an armchair as we page through, we soar above everything without having to take upon ourselves the strenuous climb to the top. Neither the north wall of the Matterhorn nor the rocky teeth of the Kreuzberg peaks can dismay us. We can look down on this world from above and philosophize about it from our safe vantage point with no sweat and no danger. Others have taken the toil and trouble for us. One such example was Albert Bosshard, a lithographer and painter from Winterthur. Between 1903 and 1916, at the request of the Swiss Alpine Club, he climbed the Tödi no less than fifty times to paint a panorama from its summit that would comprise twelve colour lithographs, seven and a half metres long. His aim was "to provide as faithful a reproduction as possible of the magnificence and beauty of the panorama visible from the highest peak of the Tödi for all ardent friends of the Alps who for physical or other reasons are unable to see it from there themselves". Four sections had already been drawn on stone and two painted in watercolour when the club commissioned him to do the entire panorama. This work, the nineteenth century form of transmitting an exact picture, was superseded by photography, and the hot-air balloon, dirigible and airplane were to extend the view beyond what could be seen from one summit.

Earlier on, another panorama artist recognized the signs of the times. In the summer of 1870 Albert Heim, the past master of Swiss

Gipfel des Ruchen Glärnisch, um, ebenfalls im Auftrag des Alpen-Clubs, ein Panorama zu zeichnen. «Während Albert zeichnete, besprachen sie vieles und fanden sich in weitgehender Übereinstimmung der Gesinnung. Dort wurde der Freundschaftsbund fürs Leben geschlossen, fern und losgelöst von dem hastenden Treiben des Alltags, auf den herrlichen Höhen», heisst es in seiner Biografie. Der Berg hatte die Gefühle des jungen Paars, das sich vorher nur zaghaft näher gekommen war, befreit und beflügelt.

Zehn Jahre später bestieg Albert Heim in Zürich den Korb eines Freiballons, den ein Toggenburger namens Eduard Schweizer steuerte, und schwebte mit ihm über den Zürichsee und den Albis. Schweizer, der eigentlich Opernsänger hatte werden wollen, ist besser bekannt unter seinem Künstlernamen Spelterini. «Der Genuss war unbeschreiblich», schreibt Heim. «Capitano, sagte ich, als wir über dem Albis schwebten, so möchte ich einmal hinunter- und hineinschauen in mein hauptsächlichstes Beobachtungsgebiet, die Alpen.» Spelterini war auch Luftfotograf, veröffentlichte seine Fotos in Illustrierten und gewann Preise an internationalen Ausstellungen. Am 3. Oktober 1898 hob er, begleitet von Albert Heim, mit seinem Ballon «Wega» in Sitten im Wallis ab, stieg bis auf 6800 Meter Höhe und überflog die Diablerets und den Jura. Der Flug gilt als die erste Alpenüberquerung in der Luft.

Das Abheben vom Boden, der plötzliche Wechsel der Perspektive, wurde für den damals wohl besten Kenner der Alpen also nicht nur zur Klärung und Bestätigung seines wissenschaftlichen Weltbildes, sondern wühlte ihn innerlich so auf, dass er betroffen verstummte. Der Berg, aus der Höhe betrachtet, ist nicht mehr der Berg, den wir vom Tal aus wahrnehmen. «Ich hebe meine Augen auf zu den Bergen, woher wird mir Hilfe kommen?», fragt ein Psalmist. Und er gibt die Antwort: «Meine Hilfe kommt von dem Herrn, der Himmel und Erde gemacht hat. Er kann deinen Fuss nicht gleiten lassen, der dich behütet.» (Psalm 121, 1–3)

sommet du Ruchen Glärnisch avec sa fiancée Marie Vögtlin, pour dessiner un panorama, lui aussi sur commande du Club alpin. «Pendant qu'Albert dessinait, ils s'entretinrent de bien des choses et trouvèrent que leurs convictions s'accordaient dans une large mesure. C'est là que, éloignés et détachés de l'activité trépidante du quotidien, sur ces merveilleuses hauteurs, ils scellèrent le pacte d'amitié pour la vie», rapporte-t-on dans sa biographie. La montagne avait libéré et épanoui les sentiments du jeune couple qui ne s'était rapproché que timidement auparavant.

Dix ans plus tard, Albert Heim monta dans la nacelle d'un ballon libre manœuvré par un Toggenbourgeois nommé Eduard Schweizer, avec lequel il plana au-dessus du lac de Zurich et de l'Albis. Eduard Schweizer, qui, à vrai dire, voulait devenir chanteur d'opéras, est mieux connu sous son nom d'artiste: Spelterini. «Le plaisir fut indescriptible», écrit Heim. «Capitano, dis-je, quand nous planions au-dessus de l'Albis, c'est ainsi que je voudrais un jour jeter mon regard sur et dans mon domaine d'observation principal, les Alpes.» Spelterini était également photographe aérien; il publia ses photos dans des revues illustrées et gagna des prix dans des expositions internationales. Le 3 octobre 1898, il décolla à Sion en Valais, en compagnie d'Albert Heim, dans son ballon Wega, monta jusqu'à 6800 mètres d'altitude et survola les Diablerets et le Jura. Ce vol passe pour avoir été la première traversée des Alpes dans les airs.

Décoller du sol, changer subitement de perspective devint donc pour ce connaisseur des Alpes (le meilleur sans doute de son époque) une élucidation et une confirmation de son image scientifique du monde, mais le bouleversa, de plus, au point de le laisser muet d'admiration et d'étonnement. La montagne vue du ciel n'est plus la montagne que nous percevons dans la vallée. «Je lève les yeux vers les montagnes: d'où viendra-t-il, mon secours?», ainsi s'interroge le psalmiste qui trouve sa réponse: «Mon secours vient de Yahvé, qui a fait le ciel et la terre. Il ne laisse pas ton pied chanceler, ton gardien.» (psaume 121, 1–3)

geology, spent three days from sunrise to sunset with his bride Marie Vögtlin on the summit of the Ruchen Glärnisch drawing a panorama, also commissioned by the Swiss Alpine Club. As his biographer relates, "While Albert worked, the two talked of many things and found themselves in agreement on practically everything in their way of thinking. There, high in the mountains, far from the turmoil of everyday life, they formed a bond of friendship for life." The mountain liberated and lent wings to the feelings of the young couple, who beforehand were too shy to discuss their innermost thoughts with each other.

Ten years later, Albert Heim climbed into the basket of a hot-air balloon steered by Eduard Schweizer from Toggenburg, and they rose up over the Lake of Zurich and the Albis. Schweizer, who actually had wanted to become an opera singer, is better known under his professional name of Spelterini. "The enjoyment was indescribable", wrote Heim. "Capitano, I said as we were suspended over the Albis, I'd like to have a look at and into my main area of interest, the Alps." Spelterini himself was also an aerial photographer who published his photos in illustrated magazines and won prizes at international exhibitions. On 3 October 1898, accompanied by Albert Heim, he went up in his balloon "Wega" from Sion in the Canton of Valais, rising to an altitude of 6,800 metres (22,300 feet), and crossed over the Diablerets and the Jura range. This flight is considered the first crossing of the Alps by air.

For the man who was the leading authority on the Alps of his day, the sensation of rising up from the ground, the rapid change of perspective, was not only the clarification and confirmation of his scientific world view; it stirred him so much in his inner being that he was actually struck dumb. A mountain seen from above is no longer the one we see from the valley. "I lift up mine eyes to the mountains, where does my help come from?" asks the psalmist. And he gives the answer: "My help comes from the Lord, the Maker of heaven and earth. He who watches over you will not let your foot slip." (Psalm 121:1–3)

Der Berg ist überwunden

Erheben wir uns über den Berg, so gleiten wir unbehütet dahin, nichts stützt unseren Fuss, und in gewissem Sinne erheben wir uns auch über Gott. Die Geborgenheit der Täler liegt unter uns, die Sicht fällt frei über die Kämme hinweg, vielleicht bis aufs Mittelmeer – doch diese Freiheit macht auch Angst. Wir denken an Ikarus, der sich mit seinen wächsernen Flügeln der Sonne näherte. Wie die Geschichte zeigt, hat der Mensch jedoch diesen Drang in sich, nicht nur seine Augen zum Berg zu erheben, sondern ihn auch zu zähmen. Mit Wegen, Strassen, Tunnels, Bahnen ihn zu besteigen und ihn schliesslich in der Luft vollständig zu überwinden.

Am 23. September 1910 startete der Franzose Géo Chavez um 13.29 Uhr in Brig zur ersten Alpenüberquerung im Flugzeug; ein Wettbewerb war ausgeschrieben, an dem fünf Piloten teilnahmen. Chavez überflog den Simplon, dem Passweg folgend, setzte in Domodossola zur Landung an, doch seine Blériot sackte aus zehn Metern Höhe unvermittelt ab, der Pilot kam ums Leben. Drei Jahre später, am 13. Juli 1913, brachte der ehemalige Landwirt Oskar Bider mit seinem Blériot-Eindecker Luftpost von Bern nach Mailand. Ikarus hatte sich von der Erde losgelöst, den Himmel über den Bergen erobert, doch unermüdlich stapfte Albert Bosshard durch tiefen Schnee auf den Tödi und skizzierte für sein Lebenswerk, das Panorama, das unvollendet blieb und ihn schliesslich in eine «missliche Lage» stürzte. Ein Aufruf, seine Arbeit durch Spenden zu unterstützen, verhallte ungehört. Ballonfahrer und Piloten brachten gestochen scharfe Bilder ins Tal.

Der Berg ist gezähmt, wir überfliegen ihn, wir brausen im Auto oder auf dem Bike über seine Pässe, wir donnern im Zug oder im Lastwagen durch Tunnels, ausser dem Stau und der Transitgebühr hindert nichts und niemand den unaufhörlichen Verkehrsstrom durch die Alpen, und selbst die Grenzen werden bald – ausser für Flüchtlinge – nur noch Erinnerung sein. Eine Alpenkonvention versucht, wirtschaftliche Nutzung und Natur im gesamten Alpenraum in

La montagne est vaincue

Si nous nous élevons au-dessus de la montagne, nous nous déplaçons sans garde-fou, rien ne soutient nos pas, et, dans un certain sens, nous nous élevons aussi au-dessus de Dieu. La sécurité des vallées se trouve au-dessous de nous, la vue s'étend librement sur les crêtes, peut-être jusqu'à la Méditerranée. Mais cette liberté fait également peur. Nous pensons à Icare qui s'approcha du soleil avec ses ailes de cire. Mais – l'Histoire nous l'apprend – l'homme ne se contente pas de lever ses yeux vers la montagne, il est poussé par le désir de la dompter, de la gravir au moyen de chemins, de routes, de tunnels, de moyens de transports et, enfin, de la vaincre totalement en montant dans les airs.

Le 23 septembre 1910, le Français Jorge Chavez, dit Géo, s'envole de Brigue pour la première traversée des Alpes en avion. Il s'agit d'un concours auquel cinq pilotes prennent part. Chavez survole le Simplon en suivant le chemin du col. Lorsqu'il se prépare à atterrir, au-dessus de Domodossola, son Blériot s'abat subitement à dix mètres du sol. Le pilote succombe à ses blessures. Trois ans plus tard, le 13 juillet 1913, l'ancien paysan Oskar Bider transporte du courrier aérien de Berne à Milan dans son monoplan Blériot. Icare s'était détaché de la terre, avait conquis le ciel au-dessus des montagnes, mais Albert Bosshard montait péniblement, infatigablement, dans la neige profonde sur le Tödi et dessinait des esquisses pour l'œuvre de sa vie, le panorama, qui restera inachevé et le précipitera dans une «situation fâcheuse». Un appel destiné à soutenir son travail par des dons restera sans écho. Les aéronautes et les aviateurs rapportèrent des photos parfaitement nettes dans la vallée.

La montagne est domptée: nous la survolons, nous filons en automobile ou à vélo tout terrain sur ses cols, nous roulons dans le train ou le camion à travers ses tunnels. Hormis les bouchons et la taxe de transit, rien ni personne n'entravent le trafic à travers les Alpes, et même les frontières ne seront bientôt plus qu'un souvenir – sauf pour les réfugiés. Une Convention des Alpes tente de concilier l'exploitation économique avec la nature dans l'ensemble

The mountain has been overcome

When we soar over the mountains we glide along unprotected, nothing supports our foot; in a certain sense we seem even to have risen above God. The protection provided by the valleys lies below us, our view reaches unobstructed beyond the crests, yes, perhaps even to the Mediterranean. But this freedom has something frightening about it. We think of Icarus, who with his wings of wax tried to approach the sun. As history shows, however, man has this yearning within him not only to raise his eyes to the mountain but also to tame it, climbing it by paths, roads, tunnels and railways and finally overcoming it altogether by looking down on it from the air.

At exactly 1.29 p. m. on 23 September 1910, the Frenchman Géo Chavez took off from Brig to cross the Alps for the first time by airplane, in a contest where there were five participants. Chavez flew over the Simplon, following the pass road, but during his approach to land in Domodossola, his Blériot suddenly crashed to the ground from an altitude of 30 metres and the pilot was killed. Three years later, on 13 July 1913, the ex-farmer Oskar Bider carried air mail in his Blériot monoplane from Berne to Milan. Icarus had unbound himself from the earth, conquering the sky over the mountains, yet Albert Bosshard was still climbing up and down the Tödi, working on the panorama that was his life's work. But in the end it remained unfinished and cast him into a "difficult situation". An appeal to support his work by donations fell on deaf ears. By then, balloonists and air pilots were bringing sharply defined pictures down to the valley.

The mountains have been tamed; we fly over them, cross their passes in a fast car or even by bicycle and thunder through their tunnels by train or truck. Apart from a traffic jam or transit charge, there is nothing and nobody to hinder the stream of traffic through and over the Alps, and even national borders – except for refugees and illegal immigrants – will soon be only a memory. An international Alpine agreement is attempting to harmonize commercial exploitation and Nature throughout the

Einklang zu bringen, «nachhaltig» zu entwickeln, wie man heute sagt.

Von der Freiheit, die keine ist

Auch wenn der Berg kein Hindernis mehr ist, er fordert noch immer heraus. Je mehr Wege es gibt, ihn zu überwinden, umso beschwerlichere denken wir uns aus. «Warum steigt ihr auf Berge?», fragt sich Ull, der Kletterer in der Erzählung «Bergfahrt» des Dichters Ludwig Hohl. Es ist Nacht, er friert, er hängt allein in aussichtsloser Lage in einer Felswand. In diesem Augenblick höchster Verzweiflung findet er die Antwort: «Um dem Gefängnis zu entrinnen.» Ull erkennt, dass der Weg in die Höhe und in die Freiheit in ein noch schrecklicheres Gefängnis führen muss. Diese Erfahrung hat nichts mehr gemein mit Albert Heims wunderbarem Gleiten über sein heiss geliebtes Alpenland hinweg. Doch während sich Heim aus der Vogelschau beständig neue Rätsel stellen, während Fragen aufbrechen, ist Hohls Antwort radikal und unerbittlich: Der Berg ist stärker als der Mensch, dessen Absturz unvermeidlich. Auch Albert Heim war als junger Mann am Säntis in einem Schneecouloir ausgerutscht, zwanzig Meter frei durch die Luft gestürzt und ohnmächtig liegen geblieben. Über die Erfahrung des Absturzes schrieb er später: «Oft hört der Stürzende schöne Musik und scheint in einen herrlichen blauen Himmel mit rosenfarbenen Wölkchen hineinzufallen.»

«Über den Wolken, da muss die Freiheit wohl grenzenlos sein», singt Reinhard Mey, doch auch dieses Bild ist trügerisch. Denn die Freiheit in der Druckkabine des Verkehrsflugzeugs, das seine weisse Kondenslinie hoch über die Berge hinweg in den Himmel spannt, ist ausserordentlich gering. Der Blick durchs schmale Bullauge ist meist durch Wolkentürme oder einen Flügel verdeckt, die Bilder huschen vorbei, fern im Dunst schwimmt das Gebirge wie ein blauer Zackenbarsch im Meer. Und selbst Ikarus kann stürzen.

Walter Mittelholzer beispielsweise, Schüler von Oskar Bider und Pionier der Flugfotografie, krachte am 22. März 1922 mit einer Hanriot-Dupont, die er von Mailand

de l'arc alpin, de les «développer avec efficacité», dit-on en termes actuels.

La liberté vidée de son sens

Même si la montagne n'est plus un obstacle, elle n'a pas cessé d'être un défi. Plus il y a de moyens de la vaincre, plus nous en recherchons de plus ardus encore. «Pourquoi gravissez-vous des montagnes?» se demande Ull, le grimpeur, dans le récit *Bergfahrt* (Montée) de l'écrivain Ludwig Hohl. C'est la nuit, il grelotte, il est resté suspendu seul, en situation désespérée, dans une paroi rocheuse. En cet instant de désespoir suprême, il trouve une réponse: «Pour échapper à la prison.» Ull se rend compte que la montée vers les hauteurs et la liberté doit mener dans une prison plus horrible encore. Cette expérience-là n'a plus rien de commun avec la merveilleuse expérience d'Albert Heim planant au-dessus de ses Alpes tant aimées. Mais alors que, pour Heim contemplant les monts à vol d'oiseau, de nouvelles énigmes se posent sans cesse, des questions surgissent, la réponse de Ludwig Hohl est radicale et impitoyable: la montagne est plus forte que l'homme, la chute de celui-ci inévitable. Albert Heim avait, lui aussi, dévissé dans un couloir enneigé du Säntis quand il était jeune. Il était tombé en chute libre d'une hauteur de vingt mètres et était resté étendu sans connaissance. Il écrivit plus tard au sujet de cette expérience: «Souvent celui qui tombe entend une belle musique et croit ‹atterrir› dans un ciel merveilleusement bleu où flottent de petits nuages roses.»

«Über den Wolken, da muss die Freiheit wohl grenzenlos sein» (Au-dessus des nuages, la liberté doit être illimitée). Ainsi rêve un chanteur de charme d'expression allemande. Mais cette image est trompeuse. Car la liberté, dans la cabine pressurisée d'un avion de ligne qui trace ses traînées de condensation très haut dans le ciel, est minime. La vue à travers l'étroit hublot est le plus souvent obstruée par des amas de nuages ou une aile d'avion, les images passent, au loin dans la brume légère, les montagnes nagent comme un serran bleu dans la mer. Et même Icare peut tomber.

entire Alpine region by what is now termed "sustained development".

Freedom that is nonexistent

Even though the mountains are no longer a hindrance, they are still a challenge. The more ways there are to overcome them, the more we look for still harder ones. "Why do you climb mountains?" asks Ull, the climber in Ludwig Hohl's story "Bergfahrt" (Mountain Journey). It is night, he is cold and hanging alone on the face of a cliff in a hopeless position. In this moment of deepest despair he finds the answer: "To escape from prison." But Ull realizes that the way to the heights and to freedom must lead to an even worse prison. This experience of course has nothing in common with Albert Heim's wondrous glide over his dearly beloved Alpine world. But while Heim continually finds new riddles, and new questions rise up as he is looking down on the mountains, Hohl's answer is radical and pitiless: the mountain is stronger than the human being, a fatal plunge is inevitable. Even Albert Heim, while traversing a snow corridor on the Säntis once plunged twenty metres in a free fall and lay unconscious where he landed. Later on he wrote about his fall in the following words: "Often while falling, the person hears beautiful music and seems to be tumbling into a magnificent blue sky filled with little rose-coloured clouds."

"Above the clouds, freedom must be boundless", sang Reinhard Mey in a popular German song a few years ago. But this picture is deceptive, because in the pressurized cabin of a commercial airliner leaving a vapour trail stretching across the sky high over the mountains one's freedom is extremely limited. The view out of one's narrow window is mostly blocked by towering clouds or the plane's wing, the pictures flit by, the mountains seem to swim in the distance through the haze like a spinny-finned perch in the sea. And, even Icarus can fall.

Like Walter Mittelholzer for example, who was trained by Oskar Bider and became a pioneer of aerial photography. On 22 March 1922, while struggling through fog and snow flurries in his Hanriot-Dupont,

nach Dübendorf fliegen sollte, in Nebel und Schneetreiben in die Westflanke der Risetenhörner in den Glarner Alpen, wurde von einer Lawine mitgerissen und schleppte sich nach einer eisigen Nacht in einer Alphütte mit gebrochenem Bein und erfrorenen Händen ins Tal. Mittelholzer überflog später den Kilimandscharo, die Alpen ungezählte Male – und stürzte 1937 auf einer Klettertour in den österreichischen Bergen zu Tode. Er hinterliess mehrere Bücher, 40 000 Fotografien und 30 Kilometer Film. Schon den bedeutendsten Schweizer Ballonpionier, Victor de Beauclair, hatte ein ähnliches Schicksal ereilt: Er studierte Medizin in Zürich, war Mitglied des Akademischen Alpen-Clubs, alpiner Skiläufer der Ersten Stunde und überquerte 1908 als Erster die Berner und Walliser Alpen im Ballon von Nord nach Süd – und fand 1929 am Matterhorn den Bergtod.

Feind und Verbündeter

Der Blick von oben verharmlost den Berg. Je höher wir steigen, desto zahmer zeigt sich die Felswand, je steiler sie aufragt, desto unbedeutender wirkt sie aus der Vogelschau. Steht man schliesslich auf dem Gipfel, so sehen die Gebirge rundum oftmals wie Hügel aus, die steilen Geröllhalden und Firnflanken scheinen sanft. Auf einer exponierten Bergspitze ergreift uns oft ein Gefühl, als schwebten wir in einem Ballon, abgehoben vom Alltag, befreit von der Erdenlast. Dies mag die Menschen in der Frühzeit des Alpinismus dazu verleitet haben, vom «Bezwingen» des Berges zu sprechen, den Berg gar als Feind zu betrachten, der sich beugt und unterwirft, sobald man seine Spitze betritt. «Das Matterhorn war ein hartnäckiger Feind, [...] und als es endlich mit einer Leichtigkeit, die niemand für möglich gehalten hätte, besiegt wurde, da nahm es als heimtückischer Gegner, der überwunden, aber nicht zermalmt ist, eine fürchterliche Rache», schrieb Edward Whymper 1865 nach der ersten Besteigung, bei der auf dem Abstieg vier seiner Begleiter in den Tod stürzten. «Gipfel bezwungen, Freiheit errungen», sangen in den Dreissigerjahren Bergvagabunden in Nagelschuhen und Knickerbocker und erstürmten die Nordwände der

Walter Mittelholzer, par exemple, élève d'Oskar Bider et pionnier de la photographie aérienne, s'abattit le 22 mars 1922, à bord d'une Hanriot-Dupont qu'il était chargé de transférer de Milan à Dübendorf, dans le flanc ouest des Risetenhörner (Alpes glaronnaises). Emporté par une avalanche, souffrant d'une jambe cassée et de mains gelées, il se traîna, après une nuit glaciale dans une cabane d'alpage, dans la vallée. Plus tard, Walter Mittelholzer survola le Kilimandjaro, maintes fois les Alpes et trouva la mort en 1937 à la suite d'une chute lors d'une randonnée avec escalade dans les montagnes autrichiennes. Il laissa plusieurs livres, 40 000 photographies et 30 kilomètres de pellicule. Victor de Beauclair, pionnier suisse le plus notable du vol en ballon, avait subi un destin analogue. Il fit des études de médecine à Zurich, fut membre du Club alpin académique, skieur alpin de la première heure et réussit la première traversée en ballon, du nord au sud, des Alpes bernoises et valaisannes, en 1908 – et fut tué dans une chute sur le Cervin en 1929.

Ennemi et allié

Vue d'en haut, la montagne paraît inoffensive. Plus nous montons, plus la paroi rocheuse se montre docile, plus elle semble insignifiante à vol d'oiseau. Quand on se trouve enfin sur le sommet, les monts aux alentours ressemblent souvent à des collines, les flancs de névé et les éboulis abrupts se présentent comme des pentes douces. Sur un sommet pointu, nous avons souvent l'impression de planer dans un ballon, détachés du quotidien, libérés du poids de la terre. Peut-être cela a-t-il induit les grimpeurs, au début de l'alpinisme, à dire qu'il faut *vaincre* la montagne, à considérer celle-ci comme un ennemi qui cède et se soumet dès que l'on pose son pied sur sa cime. «Le Cervin fut un ennemi tenace, ...et lorsqu'il fut enfin vaincu avec une facilité que personne n'aurait crue possible, il exerça, en adversaire sournois qui se trouve dominé mais non écrasé, une terrible vengeance.» C'est ce qu'écrivit Edward Whymper en 1865 après la première ascension où quatre de ses compagnons firent une chute mortelle. *«Gipfel bezwungen, Freiheit errungen»* (sommet vaincu, liberté

flying from Milan over the Alps to Dübendorf, he crashed into the west flank of the Risetenhörner in the Glarus Alps. After being flung down the mountain by an avalanche and spending a night in a freezing cold alpine hut, he managed to drag himself down to the valley with a broken leg and frostbitten hands. Later Mittelholzer overflew the Kilimanjaro and the Alps an innumerable number of times, only to fall to his death while mountain climbing in the Austrian Alps in 1937. He left several books, 40,000 photos and 30 kilometres of film. Victor de Beauclair, the greatest Swiss balloon pioneer, met a similar fate: after studying medicine in Zurich, he was an Alpine skier from the earliest days of the sport. In 1908 he was the first one to cross the Bernese and Valais Alps in a balloon from north to south, but died while climbing the Matterhorn in 1929.

Enemy and ally

The view from above makes the mountain seem harmless. The higher we climb, the tamer the cliffs seem. The steeper the cliffs, the less formidable they look from a bird's-eye perspective. Even when standing on a summit, the surrounding mountains often look like hills, and their steep ravines of scree and firn flanks seem easy to traverse. On an exposed mountain peak we often get the feeling of soaring in a balloon, far above everyday cares, free from earthly burdens. This may have been what made people, in the early days of mountain climbing, speak of "conquering" a mountain, regarding it as an enemy that must bow down and yield when they have set foot on its summit. "The Matterhorn was a stubborn enemy [...] and when it was finally conquered with an ease that no one had thought possible, it took its fearsome revenge, like a vicious enemy who is overcome but not crushed", wrote Edward Whymper in 1865 after the first ascent, when four of his companions fell to their deaths while descending. "Summit conquered, freedom attained", sang the German mountain vagabonds in the 1930s with their nailed boots and knickerbockers as they stormed the north walls of the Alps in the name of the Führer, People and Fatherland – as if the Ei-

Alpen im Namen von Führer, Volk und Vaterland – als seien Eiger und Matterhorn feindliche Festungen. Adolf Hitler drückte den Helden die Hand. Die Bündner Berge wurden zur Bühne für den Film «Die weisse Hölle vom Piz Palü» mit Leni Riefenstahl, einer verwegenen Alpinistin, die sich später als Regisseurin von Hitlers Propagandafilmen unbeliebt machte. Ernst Udet, Fliegerheld aus dem Ersten Weltkrieg, spielte vor der Eis- und Felsfassade der Nordwand des Piz Palü die Rolle des Rettungspiloten.

Und wie der Kletterer Ull in Ludwig Hohls Erzählung stieg die Schweizer Armee in die Berge. Sie meinte, dem Gefängnis zu entrinnen, und baute sich mit dem Reduit ein noch viel solideres. Eines, dessen Beton noch heute in vielen Köpfen lagert. «Die Verteidigungspläne der Schweiz während der beiden vergangenen Kriege bringen die Gleichsetzung der Nation mit ihrer Alpenkette selbst auf merkwürdige Weise zum Ausdruck», schreibt Canetti. «Die Armee hätte sich auf die eigentliche Kette der Berge selbst zurückgezogen und erst dort gekämpft. Volk und Land wären geopfert worden. Aber die Armee auf den Bergen hätte weiter die Schweiz vorgestellt und das Massensymbol der Nation wäre zum Land selbst geworden.»

Der Berg, so meinen wir, sei das Feste, das Unverrückbare und Ewige schlechthin. Doch ist auch die ewige Ruhe der Alpen nur Schein. Als Albert Heim aus dem Ballon des Capitano Spelterini «der Berge Heer» erblickte, da war ihm wohl bewusst, dass die Gipfel nur scheinbar so ruhig und solide dastanden, hatte er doch als Erster eine grosse Theorie der Alpenfaltung entwickelt. Er hatte erkannt, dass die Sedimentdecken, welche sich in Urmeeren abgelagert hatten, von gewaltigen Kräften über den kristallinen Kern des Urgesteins geschoben wurden und sich unter dem Druck gefaltet hatten, als seien sie aus Wolle und nicht aus Stein. Das letzte Buch, das Heim mit über achtzig Jahren noch schrieb, hiess «Bergsturz und Menschenleben». Er setzte sich darin mit der ständigen Bewegung der Erdoberfläche auseinander, die immer wieder zwingend zu katastrophalen Beben, Brüchen und Bergstür-

obtenue), tel fut le chant de gaillards en chaussures cloutées et knickerbockers, qui prirent d'assaut les parois nord des Alpes au nom de *Führer, Volk und Vaterland* comme si l'Eiger et le Cervin étaient des forteresses ennemies. Hitler serra la main des héros. Les montagnes grisonnes devinrent le théâtre du film *L'enfer blanc du Piz Palü* avec Leni Riefenstahl, audacieuse alpiniste. Ernst Udet, aviateur héros de la Première Guerre mondiale, joua le rôle du pilote sauveteur devant la façade de roc et de glace du Piz Palü.

Et comme le grimpeur Ull dans le récit de Ludwig Hohl, l'armée suisse partit dans les montagnes. Elle pensa échapper à la prison et s'en construisit une bien plus solide avec le Réduit. Une prison dont le béton subsiste de nos jours encore dans mainte tête. «Les plans de défense de la Suisse durant les deux dernières guerres traduisent singulièrement l'identification de la nation avec sa chaîne alpine», écrit Elias Canetti. «L'armée se serait retirée sur la chaîne principale des montagnes et n'aurait combattu qu'à partir de là. Le peuple et le pays auraient été sacrifiés. Mais l'armée dans les montagnes aurait continué à représenter la Suisse, et le symbole collectif de la nation serait devenu le pays même.»

Les montagnes, croyons-nous, sont la stabilité, l'immuabilité et la pérennité mêmes. Et pourtant, le repos éternel des Alpes n'est qu'une apparence. Lorsque, dans la nacelle d'aérostat du capitano Spelterini, Albert Heim aperçut «l'empire où les monts sont rois», il était bien conscient du fait que les sommets n'étaient qu'apparemment immobiles et résistants. Il avait été, en effet, le premier à bâtir une grande théorie sur le plissement alpin. Ses recherches l'avaient conduit à montrer que les strates sédimentaires déposées dans les mers primitives avaient été poussées par des forces irrésistibles au-dessus du noyau cristallin de la roche primitive et s'étaient plissées sous cette pression comme si elles avaient été de laine et non de pierre. Le dernier ouvrage écrit par Albert Heim à plus de 80 ans porte le titre de *Bergsturz und Menschenleben* (Eboulement et vie humaine). Il s'y penche sur le mouvement constant de la croûte terrestre, qui conduit forcément à la répétition de

ger and the Matterhorn were enemy fortifications. Adolf Hitler shook hands with these heroes. The mountains of the Canton of Graubünden were the scene of the film "The White Hell of the Piz Palü" with Leni Riefenstahl, a bold mountain climber. Ernst Udet, a German aviator-hero from the First World War, played the role of the rescue pilot against the backdrop of the ice and cliffs of the Piz Palü's north wall.

And like Ull, the mountain climber in Ludwig Hohl's story, the Swiss army of those days climbed into the mountains in the belief that it was escaping prison, only to build itself an even more impregnable one known as the "Réduit" (fallback to a fortified, last-ditch stronghold), whose concrete walls still exist in many people's minds. "Switzerland's defence plans during both world wars bring out the identification of the nation with the chain of the Alps itself in a remarkable manner", writes Canetti. "The army would have fallen back to the mountains and done battle there. The people and the land would have been sacrificed. But the army in the mountains would have continued to represent Switzerland and the mass symbol of the nation would itself have become the country."

The mountains, we think, are solidity, unremovability and eternity, pure and simple. But the eternal peace of the Alps is only an appearance. When Albert Heim looked down from Capitano Spelterini's balloon on those "mountains innumerable", he was very well aware that the summits only appeared to stand there, so peaceful and solid. In fact, he was the first scientist to develop a comprehensive theory of the geology of the Alps. He had recognized that the layers of sediment which had accumulated in the primaeval seas were shifted over the crystalline core of the bedrock by enormous forces and thrust upwards in folds as if they were made of wool instead of stone. In his last book "Bergsturz und Menschenleben" (Landslides and Human Life), written when he was over eighty, Heim discusses the constant movement of the earth's surface, which must continually and irresistably cause catastrophic earthquakes, ruptures and landslides. Here the geologist acted as a physician, gi-

zen führen muss. Der Geologe begriff sich dabei als Arzt, der den Berg diagnostiziert und therapiert, als sei er ein lebendiger Körper, und so sah er auch das Gebirge. «Die Alpen zeigen kein beruhigtes Greisenantlitz, dessen Formen zu einem harmonischen Ausgleich gekommen sind. Sie sind vielmehr erst in Ausformung begriffen; alles ist in Bewegung, sowohl allmähliche, von einem labilen Gleichgewicht zum nächsten tastend, als auch plötzliche, in abrupten Zuckungen sich vollziehende, die den Menschen, der meinte, sich auf den ‹ewigen Bergen› ruhig niederlassen zu können, als verhängnisvolle Katastrophen überfallen.»

Eine ähnlich körperhafte Vorstellung der Alpen vermittelt Elias Canetti, wenn er schreibt: «Ihre Schwerzugänglichkeit wie ihre Härte flössen dem Schweizer Sicherheit ein. In ihren Spitzen getrennt, hängen sie unten wie ein einziger, riesiger Körper zusammen. Sie sind ein Leib, und dieser Leib ist das Land selbst.» Es lebe der Berg.

tremblements, de cassures et d'éboulements catastrophiques. Le géologue s'y assimile à un médecin qui établit des diagnostics et des thérapies pour la montagne comme si elle était un organisme vivant. C'est d'ailleurs ainsi qu'il la considérait: «Les Alpes ne présentent pas le visage d'un vieillard dont les traits reflètent l'harmonie de la sérénité. Elles sont, au contraire, encore en voie de formation; tout s'y trouve en mouvement, un mouvement à la fois progressif – tâtonnant d'un équilibre instable au prochain – et soudain, se manifestant par des convulsions qui fondent sous forme de catastrophes funestes sur l'homme sûr de pouvoir s'établir tranquillement sur les ‹montagnes éternelles›.»

Elias Canetti donne une idée analogue des Alpes quand il écrit: «La difficulté de leur accès tout comme leur dureté inspirent un sentiment de sécurité aux Suisses. Séparées entre elles dans leurs sommets, elles sont cohérentes dans le bas comme un seul et gigantesque organisme. Elles sont un corps, et ce corps est le pays même.» Vive la montagne!

ving a diagnosis and recommending therapy as if the earth were a living body. This is also how he viewed the mountains. "The Alps do not show the peaceful face of an elderly person, the forms of which have come to a harmonious balance. No, they are only just taking shape, everything is in movement. And the movement is not only gradual, like one condition groping its way to the next, but can also be sudden, like an abrupt convulsion, inflicting fateful calamities on the inhabitants who had thought they could live peacefully in the 'eternal mountains'."

A similar comparison of the Alps to a body was made by Elias Canetti when he wrote: "Their difficulty of access as well as their hardness inspire feelings of safety in the Swiss. Separated by their peaks, from below they hang together like a single, giant body. They are a body, and this body is the country itself." Long live the mountains.

◁ Der 10 km lange Rhonegletscher (VS) ist dank seiner guten Erschliessung durch die Grimsel- und die Furkastrasse (rechts in der unteren Bildhälfte das Hotel Belvédère mit dem Zugang zur Eisgrotte) einer der bekanntesten Schweizer Gletscher. Seit seinem letzten Höchststand 1856 hat sich die Gletscherzunge mehr als 2 km zurückgezogen.

◁ Le glacier du Rhône (VS), long de 10 km, est l'un des fleuves de glace suisses les plus connus, grâce à son accès aisé par la route du Grimsel et celle de la Furka (à droite, en bas, l'Hôtel Belvédère avec l'entrée de la grotte). Après son dernier maximum en 1856, la langue du glacier s'est retirée sur plus de 2 km.

◁ The 10 km-long Rhone Glacier in Canton Valais (VS) is one of the best-known Swiss glaciers, thanks to its easy accessibility via the Grimsel and Furka pass roads (on the lower right the Furka road with the Belvédère Hotel and the entrance to the ice grotto). Since its last maximum length in 1856 the glacier has receded more than 2 km.

Von Norden betrachtet, ist die charakteristische Form des Matterhorns (VS, 4478 m) nicht mehr auf den ersten Blick zu erkennen. Links der Hörnligrat, an dessen Fuss die Hörnlihütte liegt, in der Mitte (gegen den Betrachter) der Zmuttgrat, rechts der Liongrat. Die abweisende Matterhorn-Nordwand (links) wurde im Sommer 1931 von den Deutschen Franz und Toni Schmid erstmals durchstiegen.

Vue sur sa face nord, la forme caractéristique du Cervin (VS, 4478 m) n'est plus reconnaissable à première vue. A gauche, l'arête du Hörnli, au pied de laquelle se trouve la cabane du Hörnli; au milieu (face au lecteur), l'arête de Zmutt; à droite, l'arête du Lion. La paroi nord, rébarbative, du Cervin fut vaincue en première par une cordée allemande en 1931.

When seen from the north, the characteristic shape of the Matterhorn (VS, 4,478 m, 14,690 ft) is no longer immediately recognized. On the left is the Hörnli ridge, at the foot of which lies the Hörnli cabin, in the middle (facing the viewer) is the Zmutt ridge and on the right the Lion ridge. The Matterhorn's forbidding north wall was first climbed by a German rope party in 1931.

Die Signalkuppe (ital. Punta Gnifetti) ist mit 4554 m der vierthöchste Gipfel des Monte-Rosa-Massivs (VS); ihr Gipfelkamm stellt die Landesgrenze zu Italien dar. Direkt auf dem Kamm steht seit 1892 die Capanna Margherita des italienischen Alpenclubs (rechts), die höchstgelegene Berghütte Europas.

La Punta Gnifetti (4554 m) est le quatrième en altitude des sommets dans le massif du Mont Rose (VS). Son arête sommitale marque la frontière italo-suisse. Là-haut se trouve la Capanna Margherita du club alpin italien (à droite), inaugurée en 1893, le refuge en montagne le plus élevé d'Europe.

The Signalkuppe (in Italian the Punta Gnifetti) is at 4,554 m (14,937 ft) the fourth-highest point of the Monte Rosa massif (VS). Its summit ridge forms the Italian border. The Margherita cabin of the Italian alpine club (right), the highest mountain cabin in Europe, lies on the top of the ridge.

Von Nordwesten betrachtet zeigt sich das Monte-Rosa-Massiv in seiner ganzen Pracht: links der Monte Rosa mit der Dufourspitze (4634 m), dem höchsten Gipfel der Schweiz, in der Mitte, über dem Firn des Grenzgletschers, die Parrotspitze, rechts der Liskamm (4527 m).

Vu du nord-ouest, le massif du Mont Rose se présente dans toute sa splendeur: à gauche, le Mont Rose avec la Pointe Dufour (4634 m), point culminant de la Suisse; au milieu, au-dessus du névé du glacier de Grenz, la Pointe Parrot; à droite, le Liskamm (4527 m).

This view from the northwest shows the Monte Rosa in all its magnificence: on the left is the Dufour peak (4,634 m/15,199 ft), the highest point in Switzerland, in the middle, above the firn ice of the border glacier is the Parrot peak and on the right the Lis ridge (4,527 m/14,848 ft).

◁ Seit 1898 führt eine Zahnradbahn von Zermatt (VS) auf den Gornergrat (3040 m), in eine vegetationsarme Steinlandschaft, deren Formen stark von der einstigen Vergletscherung geprägt sind. Direkt neben dem Restaurant fällt das Gelände steil ab zum Bett des Gornergletschers (rechts).

◁ Depuis 1898, un chemin de fer à crémaillère mène de Zermatt (VS) au Gornergrat (3040 m), dans un paysage pierreux, pauvre en végétation, fortement sculpté par l'ancien englacement. Juste à côté du restaurant, le terrain descend à pic sur le lit du glacier du Gorner (à droite).

◁ Ever since 1898 a cog railway has led from Zermatt (VS) to the Gornergrat (3,040 m/ 9,971 ft), a stone landscape almost without vegetation, strongly stamped by its former glaciation. Directly next to the restaurant the slope falls steeply to the bed of the Gorner glacier (far right).

Der Illgraben bei Sierre (VS) ist eine eindrückliche Erosionsrinne, welche der Illbach – bei trockenem Wetter ein unscheinbares Rinnsal – seit der letzten Eiszeit aus der Flanke des Illhorns herausgewaschen hat. Im Talboden im Hintergrund ist die Stadt Sierre zu erkennen.

L'Illgraben près de Sierre (VS) est un impressionnant sillon d'érosion que l'Illbach – insignifiant filet d'eau par temps sec – a creusé depuis la dernière époque glaciaire dans le flanc de l'Illhorn. Dans le fond de la vallée à l'arrière-plan, on distingue la ville de Sierre.

The Illgraben near Sierre (VS) is an impressive ravine eroded out of a flank of the Illhorn since the last Ice Age by the Illbach, in dry weather a quiet brook. The city of Sierre is visible on the valley bottom in the distance.

Am 18. April und am 9. Mai 1991 lösten sich zusammen fast 10 Millionen m^3 Gestein an der westlichen Flanke des Mattertals bei Randa (VS) und begruben Häuser, Bahntrassee und Strasse unter sich. Oberhalb Bisgletscher und Weisshorn, links Zinalrothorn.

Le 18 avril et le 9 mai 1991, sur le versant ouest de la vallée de Zermatt près de Randa (VS), les deux phases d'un éboulement ont mobilisé près de 10 millions de mètres cubes de matière rocheuse. Les masses de pierres ensevelirent sous elles des bâtiments, la voie ferrée et la route. Au-dessus, le Bisgletscher et le Weisshorn, à gauche le Zinalrothorn.

On 18 April and 9 May 1991 nearly 10 million m^3 of loose rock slid down the western side of the Mattertal Valley near Randa (VS) and buried buildings, a stretch of the railway and the road. The upper part shows the Bis Glacier and the Weisshorn, to the left the Zinalrothorn.

◁ Das Gebiet Jungfrau–Aletsch–Bietschhorn steht als erstes der Alpen auf der Unesco-Liste des Weltnaturerbes. Sein Herzstück ist der Grosse Aletschgletscher, der grösste und längste Gletscher der Alpen, der vom Konkordiaplatz ins Wallis fliesst. Im Hintergrund in Bildmitte das Berner Dreigestirn Jungfrau, Mönch und Eiger.

◁ La région Jungfrau-Aletsch-Bietschhorn est le premier site de l'espace alpin à avoir obtenu l'admission au Patrimoine naturel mondial de l'Unesco. Sa partie la plus importante est le Grand glacier d'Aletsch qui, venant de la place Concordia, se déverse dans le Valais. A l'arrière-plan, au milieu, on voit la triade bernoise, la Jungfrau, le Mönch et l'Eiger.

◁ The Jungfrau-Aletsch-Bietschhorn area is the first of the Alps on the list of Unesco World Natural Heritage Sites. Its core is the Grosse (Great) Aletsch Glacier, the largest and longest glacier in the Alps, which flows from the Konkordiaplatz into the Canton of Valais. In the centre background is the Bernese trio Jungfrau, Mönch and Eiger.

Kurz unterhalb der Passhöhe holt die Simplonstrasse (VS) auf der Nordseite des Passes weit in das stark lawinengefährdete Tal unterhalb des Kaltwassergletschers aus. Die wintersicher ausgebaute Nationalstrasse verläuft hier fast durchgehend in Galerien und Tunnels.

Peu avant le point culminant du col, la route du Simplon (VS) fait un grand lacet sur le côté nord vers la vallée fortement exposée aux avalanches en contrebas du Kaltwassergletscher. Ici, le tracé de cette route nationale, praticable en hiver, passe presque entièrement par des galeries et des tunnels.

A short way below the height of the pass the Simplon road (VS) on its north side makes a wide bend into the dangerously avalanche-prone valley below the Kaltwasser glacier. Here the national highway, open all winter long, passes through numerous galleries and tunnels.

Der Gemmipass (VS/BE) zwischen Leukerbad und Kandersteg, ein seit dem Mittelalter belegter Alpenübergang, verläuft durch eine Hochmulde an der geologischen Grenze zweier Gesteinsdecken des helvetischen Deckensystems. Der Blick nach Nordosten führt über den Daubensee (vorn) und die Spittelmatte nach Kandersteg.

Le col de la Gemmi (VS/BE) entre Loèche-les-Bains et Kandersteg, passage alpin attesté au Moyen Age déjà, passe par une dépression élevée, à la limite géologique de deux couches rocheuses du système des nappes helvétiques. La vue en direction du nord-est s'étend, par le Daubensee (au premier plan), et la Spittelmatte, jusqu'à Kandersteg.

The Gemmi pass between Leukerbad (VS) and Kandersteg (BE), an Alpine crossing since the Middle Ages, passes through a high basin on the geological border along two geological plates. The view to the northeast passes via the Daubensee lake (foreground), and the Spittelmatte to Kandersteg.

◁ Die Grimsel-Landschaft (BE) hat mit der Aufstauung des lang gezogenen Grimselsees (links der Bildmitte), des Oberaarsees (dahinter) und des Räterichsbodensees (rechts) ihr Gesicht seit den Dreissigerjahren grundlegend verändert. Grossartig ist der Blick auf die Walliser Alpen (links des Rhonetals) und die Berner Oberländer Gipfel.

◁ Depuis les années 30, le site du Grimsel (BE) a fondamentalement changé d'aspect suite à la retenue du lac de Grimsel allongé (à gauche du milieu de l'image), de l'Oberaarsee (derrière le premier) et du Räterichsbodensee (à droite). Grandiose, la vue sur les Alpes valaisannes (à gauche de la vallée du Rhône) et les sommets de l'Oberland bernois.

◁ Since the 1930s the landscape of the Grimsel area (BE) has undergone a fundamental change with the damming of the long Grimsel lake (centre, left), the Oberaar lake (behind it) and the Räterichsboden lake (right). The magnificent view shows the Valais Alps and the Rhone Valley (left), the peaks of the Bernese Oberland.

Auf 2061 m gelegen, stellt die Kleine Scheidegg (BE) einen eigentlichen alpinen Verkehrsknotenpunkt dar: Von den grün-gelben Zugkompositionen der Wengernalpbahn aus Wengen und Grindelwald steigen hier an Spitzentagen über 7000 Touristen in die rot-gelben Bahnwagen der Jungfraubahn um.

A 2061 m d'altitude, la Petite-Scheidegg (BE) est une véritable plaque tournante alpine. Aux jours de pointe, plus de 7000 touristes descendent ici des wagons vert et jaune de la Wengernalpbahn, venus de Wengen et de Grindelwald, pour monter ensuite dans les voitures rouge et jaune du chemin de fer de la Jungfrau.

Situated at 2,061 m (6,760 ft), Kleine Scheidegg (BE) constitutes a real traffic junction in the Alps: here at peak periods, over 7,000 tourists a day change from the green and yellow cars of the Wengernalp railway coming up from Wengen and Grindelwald to the red and yellow cars of the Jungfraujoch railway.

Das Schilthorn (2970 m) liegt am Rande der Berner Hochalpen und kann sich eines unvergleichlichen Rundblicks rühmen. Internationale Bekanntheit erlangte der Berg 1968 unter dem Namen «Piz Gloria», als James Bond und seine Widersacher im Film «Im Geheimdienst Ihrer Majestät» in rasanten Verfolgungsjagden Mürrens Skipisten hinuntersausten.

Le Schilthorn (2970 m) se dresse au bord des hautes Alpes bernoises et peut se vanter de jouir d'un incomparable panorama. Le Schilthorn acquit une notoriété internationale sous le nom de Piz Gloria lorsque, dans le film *Au service secret de Sa Majesté,* James Bond se livra à une poursuite effrénée sur les pistes de ski de Mürren.

The Schilthorn (2,970 m, 9,741 ft) lies on the edge of the Bernese high Alps and is famous for its incomparable panoramic view. Under the name "Piz Gloria" the mountain achieved international notariety in 1968 when it was the scene of wild chases over Mürren's ski slopes in the James Bond film "On Her Majesty's Secret Service".

◁ Im Berner Oberland liegt das berühmteste alpine Trio der Schweiz: links der Eiger (3970 m) mit seiner schattigen Nordwand, in der Mitte der Mönch (4110 m), rechts die Jungfrau (4158 m). Am 1. August 1912 wurde die Bahn auf das 3454 m hohe Jungfraujoch eingeweiht.

◁ Dans l'Oberland bernois nous trouvons la triade alpine la plus renommée de Suisse: à gauche l'Eiger (3970 m) avec sa paroi nord ombragée, au milieu le Mönch (4110 m), à droite la Jungfrau (4158 m). C'est le 1er août 1912 que fut inauguré le chemin de fer menant à une altitude de 3454 m au Jungfraujoch.

◁ In the Bernese Oberland lies Switzerland's most famous Alp trio: on the left the Eiger (3970 m/13,021 ft) with its shadowed North Wall, in the centre the Mönch (4110 m/13,480 ft) and on the right the Jungfrau (4158 m/13,638 ft). On 1 August 1912 the railway to the 3454 m/11,328 ft high Jungfraujoch was dedicated.

Ein grünes Auge mitten im Hochgebirge: der 4 km östlich von Kandersteg auf 1592 m inmitten einer grossartigen Felsen- und Gletscherlandschaft gelegene Oeschinensee. Er ist durch einen Felssturz entstanden und hat keinen oberirdischen Abfluss.

Un œil vert en haute montagne: le lac d'Oeschinen, à quatre kilomètres à l'est de Kandersteg. Situé au milieu d'un paysage grandiose, entouré de rochers et de glaciers, ce lac doit son existence à un éboulement et ne possède pas d'effluent visible.

A green eye amidst the high mountains: 4 km to the east of Kandersteg lies the Oeschinensee Lake at an elevation of 1592 m/5221 ft, surrounded by a magnificent cliff and glacier landscape. It was created by a rockslide and has no surface outlet.

Die Pyramiden von Grindelwald: in der Mitte das Schreckhorn (4078 m), der höchste Berg ganz auf Berner Boden, rechts das Finsteraarhorn – es ist mit 4274 m zwar der höchste Gipfel der Berner Alpen, liegt aber auf der Kantonsgrenze zwischen Bern und Wallis.

Les pyramides de Grindelwald: au milieu le Schreckhorn (4078 m), la plus haute montagne se trouvant entièrement sur territoire bernoise; à droite le Finsteraarhorn qui, avec ses 4274 m, est bel et bien le point culminant des Alpes bernoises, mais il est à cheval sur les cantons de Berne et du Valais.

The pyramids of Grindelwald: in the centre the Schreckhorn (4078 m/13,375 ft), the highest peak entirely within the Canton of Berne, on the right the Finsteraarhorn – at 4274 m/14,018 ft the highest of the Bernese Alps but lying on the border of Berne and Valais.

◁ Das Finsteraarhorn, der höchste Gipfel der Berner Alpen (4274 m), zeigt seine wahre Grösse erst aus der Luft: Majestätisch überragt es die benachbarten Dreitausendergipfel. Der Blick nach Südosten führt vom Agassizhorn (vorn) über die Senke des Agassizjochs hinweg dem Nordwestgrat des Finsteraarhorns entlang.

◁ C'est vu du ciel que le Finsteraarhorn (4274 m), point culminant des Alpes de l'Oberland bernois, se montre dans toute sa grandeur: il domine majestueusement les sommets des Trois mille voisins. La vue en direction du sud-est passe, de l'Agassizhorn (devant), au-dessus de la dépression de l'Agassizjoch et longe ensuite l'arête nord-ouest du Finsteraarhorn.

◁ The Finsteraarhorn (4,274 m/14,018 ft), the highest peak of the Bernese Alps, only reveals its true grandeur when seen from the air, magnificently dominating its 3,000 m (10,000 ft)-plus neighbours. The view to the southeast leads from the Agassizhorn (foreground) over the dip of the Agassizjoch to the northwest ridge of Finsteraarhorn.

Der Ritomsee, auf 1850 m im Val Piora (TI) gelegen, ist natürlichen Ursprungs, wurde aber 1920 durch den Bau einer Staumauer (links) zur Energiegewinnung bedeutend erweitert. Die Ritom-Kraftwerkanlagen liefern die elektrische Energie für den Bahnbetrieb auf der Gotthardstrecke.

Le lac Ritom, situé à 1850 m d'altitude dans le Val Piora (TI) est d'origine naturelle, mais a été agrandi en 1920 par la construction d'un barrage (à gauche) pour la production d'énergie. Les installations hydro-électriques de Ritom fournissent l'énergie électrique pour le trafic ferroviaire sur la ligne du Saint-Gothard.

Lake Ritom, lying at 1,850 m (6,068 ft) in the Val Piora valley (TI), is of natural origin, but was greatly enlarged in 1920 with the construction of a hydroelectric power dam (left). The Ritom hydroelectric power system provides the electric power for the trains on the Gotthard line.

Die Lage am Südfuss des Gotthardpasses hat Airolo (TI) schon seit Jahrhunderten geprägt: die in grosszügigen Kehren angelegte Nationalstrasse über den Pass, der wuchtige Werkhof beim Autobahntunnel-Portal und das Gewirr von Anschluss- und Verbindungsstrassen im Talboden.

Sa situation au pied sud du col du Saint-Gothard avait imprimé des traits caractéristiques à Airolo (TI) depuis des siècles: la route nationale pourvue d'amples virages, qui franchit le col, l'imposant atelier près du portail du tunnel sur l'autoroute et le fouillis des routes d'accès et de liaison dans le fond de la vallée.

Airolo in the Canton of Ticino (TI) has been stamped for centuries by its location at the southern foot of the Gotthard Pass: the sweeping curves of the national highway over the pass, the imposing works building at the motorway tunnel portal and the labyrinthine exit, entry and connecting roads on the valley bottom.

◁ Bis Mitte der Fünfzigerjahre mögen das Göschenertal (UR, links) und die Voralp (rechts) zwei vergleichbare Täler gewesen sein. Mit dem Bau des Stausees (1956–1960) veränderte das Göschenertal sein Gesicht aber grundlegend. Hinter dem See erhebt sich der Dammastock (3630 m), dahinter die Berner Oberländer Gipfel.

◁ Jusqu'au milieu des années 50, la vallée de Göschenen (UR, à gauche) et la Voralp (à droite) furent des vallées assez similaires. L'aménagement du lac de barrage (1956–1960) a cependant transformé foncièrement l'aspect de la première. Derrière le lac se dresse le Dammastock (3630 m) et, plus loin, les sommets de l'Oberland bernois.

◁ Up to the mid-1950s, the Göschenen valley (UR), on the left, and the Voralp valley (right) were two similar mountain valleys. The construction of the dam (1956–1960), however, has fundamentally altered the appearance of the Göschenen valley. Behind the lake rises the Dammastock (3,630 m/11,906 ft), and behind it the peaks of the Bernese Oberland.

Das Schaustück des Piz Palü ist seine Nordwand mit den drei Pfeilern, die seit über hundert Jahren klassische Hochtouren in Fels und Eis sind: von links nach rechts Ost-, Bumiller- und Spinaspfeiler. Der 3901 m hohe Berg ist neben dem Piz Bernina der bekannteste Gipfel der Bündner Alpen.

La partie la plus imposante du Piz Palü est sa paroi nord avec les trois piliers qui depuis plus de cent ans passionnent les alpinistes adorant les courses en haute montagne, dans les rochers et dans la glace: de gauche à droite le pilier est, le pilier Bumiller et le pilier Spinas. Avec ses 3901 m, le Piz Palü est après le Piz Bernina le sommet le plus connu des Alpes grisonnes.

The showpiece of the Piz Palü is its north wall with the three pillars which for more than a hundred years have been the destination of high tours in the cliffs and ice: from left to right the Ost (East), the Bumiller and the Spinas Pillars. Along with the Piz Bernina, the Piz Palü (3901 m/12,795 ft) is the best-known peak of the Bernese Alps.

Die «Himmelsleiter» auf den Piz Bernina, der Biancograt, gehört zur Ikonografie der Alpen wie das Matterhorn und wird gern als ihr schönster Grat bezeichnet. Der Hauptgipfel ist mit 4049 m der einzige Viertausender und der höchste Berg der Ostalpen.

Peut-on s'imaginer une iconographie des Alpes sans cette «échelle vers le ciel» conduisant au Piz Bernina, l'arête Bianco? Elle doit s'y trouver aussi bien que le mont Cervin, on dirait même qu'elle est la plus belle arête des Alpes. Le sommet principal est avec ses 4049 m le seul Quatre mille et donc le point culminant des Alpes orientales.

The «Himmelsleiter» (Ladder to the Sky) to the Piz Bernina, the Bianco Ridge, belongs to the iconography of the Alps just as much as the Matterhorn and is often considered to be their most beautiful ridge. The main peak at 4049 m/13,280 ft is the only «4-thousander» (in metres) and the highest peak of the Eastern Alps.

Der grösste Eisstrom des Bündnerlandes wird aus den zwei Teilarmen Pers- (links) und Morteratschgletscher (rechts) gebildet. Seit dem letzten Maximum von 1856/57 zieht sich die Gletscherzunge kontinuierlich zurück; das erst spärlich bewachsene Gletscherbecken zeigt die einstige Grösse des Eisstroms an. Den Abschluss des Tales bildet die Berninagruppe: Piz Palü (3901 m, links), Bellavista (3922 m, Mitte) und Piz Bernina (4049 m, rechts).

Le plus grand fleuve de glace des Grisons est formé par le glacier Pers (à gauche) et le glacier de Morteratsch (à droite). Depuis son dernier maximum en 1856–1857, sa langue régresse continuellement. La marge proglaciaire, qui ne se couvre que timidement de végétation, indique les anciennes dimensions. Le haut de la vallée débouche dans le groupe de la Bernina: Piz Palü (3901 m, à gauche), Bellavista (3922 m, au milieu) et Piz Bernina (4049 m, à droite).

The largest mass of moving ice in Graubünden is formed by the two arms of the Pers glacier (left) and the Morteratsch glacier (right). Since its last maximum length in 1856/57 it has been continuously receding; the glacier trough with its scanty vegetation clearly shows the former size of the ice mass. At the head of the valley is the Bernina group, consisting of the Piz Palü (left, 3,901 m/12,795 ft), the Bellavista (centre, 3,922 m/12,864 ft) and the Piz Bernina (right, 4,049 m/13,280 ft).

◁ Der Blick über die Gipfel östlich des Valsertals (GR) ist eindrücklich: Quer durch das Bild zieht sich das Safiental; davor erheben sich das Planggenhorn (2861 m, links) und das Tällihorn (2855 m, Bildmitte), dahinter der Piz Beverin (2997 m, links) und das Bruschghorn (3058 m, Bildmitte).

◁ Le coup d'œil sur les sommets qui s'élèvent à l'est de la Valsertal (GR) est impressionnant. La Safiental s'étend en travers de l'image. Devant elle se dressent le Crap Grisch (2861 m, à gauche) et le Tällihorn (2855 m, au milieu de l'image); derrière elle, le Piz Beverin (2997 m, à gauche) et le Bruschghorn (3058 m, au milieu de l'image).

◁ The view over the summits to the east of the Vals valley (GR) is impressive: the Safien valley cuts across the picture, with the Planggenhorn (left, 2,861 m/9,384 ft) and the Tällihorn (centre, 2,855 m/9,364 ft) in the foreground and behind it the Piz Beverin (left, 2,997 m/9,830 ft) and the Bruschghorn (centre, 3,058 m/10,030 ft).

Der Flüelapass (GR, 2383 m) zwischen Davos und Susch ist die Strassenverbindung von Nordbünden ins Unterengadin. Die Fahrstrasse wurde 1866/67 erbaut; schon im Mittelalter war der Pass aber für den Handel mit Tirol und dem Vinschgau (Südtirol) von Bedeutung.

Le col de la Flüela (GR, 2383 m) entre Davos et Susch est la liaison routière entre le nord des Grisons et la Basse-Engadine. La route carrossable fut construite en 1866–1867, mais ce col jouait déjà un rôle important au Moyen Age pour le commerce avec le Tyrol et le Val Venosta (Sud-Tyrol).

The Flüela pass (GR, 2,383 m/7,816 ft) between Davos and Susch is the pass between northern Graubünden and the Lower Engadine. The road was built in 1866–1867, but even in the Middle Ages the pass was important for trade with Tirol and Vintschgau (South Tirol) regions.

Das stille Sertigtal (GR) wurde im Mittelalter von den Walsern besiedelt. Das Mittagshorn (2735 m) bildet den markanten oberen Abschluss des Tals, östlich davon führt das Chüealptal (links) als Verbindung ins Oberengadin auf den Sertigpass (2739 m). Im Hintergrund ragt der Piz Kesch (3418 m) auf.

La paisible vallée du Sertig (GR) fut colonisée au Moyen Age par des Walser. Le haut de la vallée débouche sur le Mittagshorn (2735 m) très marquant, à l'est duquel la Chüealptal (à gauche) conduit au col du Sertig (2739 m) qui permet le passage dans la Haute-Engadine. A l'arrière-plan se dresse le Piz Kesch (3418 m).

The silent Sertig valley (GR) was settled in the Middle Ages by people from today's Canton Valais. The Mittagshorn (2,735 m/8,970 ft) forms the marked upper end of the valley, and to the east of it the Chüealp valley (left) leads to the Sertigpass (2,739 m/8,983 ft), linking it to the Upper Engadine. Looming in the background is the Piz Kesch (3,418 m/11,211 ft).

◁ Die Greina-Hochebene (GR) ist zum Symbol des erfolgreichen Kampfes von Naturschützern gegen die Elektrizitätswirtschaft geworden: Mit hartnäckigem Einsatz verhinderten sie die Überflutung der einmaligen Hochgebirgslandschaft. Seit 1996 ist die Greina-Ebene unter Schutz gestellt.

◁ Le haut-plateau de la Greina (GR) est devenu le symbole de la lutte efficace des protecteurs de la nature contre les producteurs d'électricité. Par leurs efforts obstinés, ils empêchèrent la submersion de ce site de haute montagne unique en son genre. Depuis 1996, la Greina est protégée.

◁ The Greina high plain (GR) has become a symbol of the successful struggle by conservationists against hydroelectric power interests: thanks to their stubborn efforts they prevented the flooding of this former high mountain countryside. Since 1996 the Greina plain is protected as a national landmark.

Der Titlis ist der erste vergletscherte Berg der Westalpen, den Menschen betraten: Im Juli 1744 erreichten vier Angestellte des Klosters Engelberg den 3238 m hohen Gipfel. Heute ist er durch Luftseilbahnen touristisch erschlossen und auch im Sommer ein beliebtes Skigebiet. Im Hintergrund die Berner Alpen.

Le Titlis était la première montagne glacière des Alpes occidentales escaladée par des êtres humains: En juillet 1744, quatre personnes, toutes se trouvant au service du couvent d'Engelberg, atteignirent le sommet, à une altitude de 3238 m. De nos jours, plusieurs téléphériques permettent d'accéder à ce paradis de ski très apprécié, même en été. A l'arrière-plan les Alpes bernoises.

The Titlis is the first glaciered mountain of the Western Alps to be climbed by man: In July 1744 four employees of the Abbey of Engelberg reached its summit (3238 m/ 10,620 ft). Today it is easily reached by tourists via aerial cableway and is a popular skiing area even in summer. In the background are the Bernese Alps.

Als «geologische Klippen» bezeichnet man die beiden Mythen (SZ), da sie als isolierte Überreste einer rundherum abgetragenen Decke aus kalkhaltigem Gestein (penninische Decke) einsam in der Landschaft stehen. Der Grosse Mythen (1899 m) wurde 1890 durch ein Gipfelrestaurant erschlossen.

On qualifie les deux Mythen (SZ) d'«écueils géologiques» parce qu'ils se dressent seuls dans le paysage, vestiges isolés d'une nappe charriée calcaire érodée tout autour d'eux (nappe pennine). Un restaurant au sommet du Grand Mythen (1899 m), construit en 1890, attire les touristes.

The two Mythen peaks in Canton Schwyz (SZ) are called "geological crags", as they stand alone in the landscape as isolated remnants of a calciferous stone massif (Pennine plate) which has long since eroded away. A summit restaurant was built atop the Greater Mythen peak (1899 m/6229 ft) in 1890.

◁ Der 2128 m hohe Pilatus gilt als Luzerner Hausberg. Seit 1889 erschliesst eine Zahnradbahn – noch heute die steilste der Welt – den Gipfel. Er bietet einen umfassenden Blick über den Vierwaldstättersee, auf Bürgenstock (rechts der Bildmitte), Rigi (dahinter, links der Bildmitte) und die Alpen.

◁ Le Pilate, haut de 2128 m, est la montagne des Lucernois. Depuis 1889, un chemin de fer à crémaillère, le plus raide du monde, transporte les voyageurs vers le sommet. Celui-ci offre un panorama grandiose sur le lac des Quatre-Cantons, le Bürgenstock (à droite du milieu de l'image), la Rigi (derrière, à gauche du milieu) et les Alpes.

◁ The Pilatus (2128 m/6,979 ft) is considered Lucerne's "house mountain". Since 1889 its peak has been accessible by a cog railway – still the steepest one in the world. It offers a sweeping panorama view of the Lake of Lucerne, the Bürgenstock (to the right), the Rigi (behind, to the left) and the Alps.

Der Chäserrugg (SG, 2262 m), einer der sieben Churfirsten zwischen dem Toggenburg und dem Walensee, zeigt sich am 10. Oktober 1994 mit einem Hauch von erstem Schnee bedeckt. Bei genauem Betrachten ist in der oberen Bildhälfte die Luftseilbahn Iltios–Chäserrugg zu erkennen.

Le Chäserrugg (SG, 2262 m), l'une des sept montagnes de la chaîne des Churfirsten entre le Toggenbourg et le Walensee, est légèrement saupoudré par les premières neiges en ce 10 octobre 1994. En regardant attentivement, on distingue le téléphérique d'Iltios–Chäserrugg sur la moitié supérieure de l'image.

The Chäserrugg (SG, 2,262 m/7,419 ft), one of the seven Churfirsten peaks, lies between Toggenburg valley and the Walensee lake. This view, taken on 10 October 1994, shows one side covered with the season's first snowfall. On a closer look, the Iltios–Chäserrugg aerial cableway can be seen in the upper half of the picture.

Wie Teufelskrallen ragen die Kreuzberge (SG, 1884–2059 m) in die Höhe. Die verwitterten Felszacken sind heute beliebte Kletterberge. Die Aufnahme mit Blick nach Südosten zeigt vorn den Fälensee (AI, 1452 m), dahinter (Bildmitte) den Roslenfirst und oben die Kreuzberge.

Semblables à des griffes diaboliques, les Kreuzberge (SG, 1884–2059 m) dressent leurs formes bizarres dans le ciel. Aujourd'hui, ces dents rongées par l'érosion sont très appréciées par les grimpeurs. Cette photo pointée vers le sud-est montre au premier plan le Fälensee (AI, 1452 m), derrière lui (au milieu de l'image) le Roslenfirst et, au fond, les Kreuzberge.

Like diabolical claws the Kreuzberge peaks (SG, 1,884–2,059 m/6,180–6,754 ft) rise into the sky. Today the weatherbeaten faces of these rock teeth are favourite climbs of alpinists. This view towards the southeast shows the Fälensee lake (AI, 1,452 m/4,763 ft) and behind it the Roslenfirst (centre) and farther in the background the Kreuzberge.

Der Säntis (AI, 2503 m), der höchste Gipfel des Alpstein-Massivs, steht exponiert in der Hügelzone am Rand der Voralpen. Seit 1935 führt von der Schwägalp eine Luftseilbahn auf den Berg, der mit wuchtigen Telekommunikationsanlagen überbaut ist.

Le Säntis (AI, 2503 m), sommet culminant du massif de l'Alpstein, ressort nettement dans la zone des collines au bord des Préalpes. Depuis 1935, un téléphérique partant de la Schwägalp donne accès à la montagne pourvue d'imposantes installations de télécommunication.

The Säntis (AI, 2,503 m/8,210 ft) is the highest peak in the Alpstein massif, standing alone in a hilly area on the edge of the foothills. Since 1935 an aerial cableway has led from Schwägalp to the mountain, on which extensive telecommunication facilities have been constructed.

Der Wägitalersee (SZ) entstand 1925, indem ▷ die Engnis beim Gugelberg in der hinteren Hälfte des Wägitals mit einer Mauer gesperrt wurde. Das Wasser überflutete 26 Gehöfte und ein florierendes Badehotel. Hinter dem See erheben sich weitläufige Karrenfelder der Mutteristock-Gruppe, dahinter die Glarner und Urner Alpen, aus denen der Tödi (3614 m) als höchster Gipfel herausragt.

Le lac de Wägital (SZ) s'est formé en 1925 ▷ lorsqu'on barra par un mur l'étranglement près du Gugelberg, dans la moitié arrière de la vallée. 26 fermes et un hôtel thermal florissant furent inondés. Derrière le lac se dressent de vastes champs de lapiés et en arrière de ceux-ci, les Alpes glaronnaises et uranaises, dominées par le sommet culminant du Tödi (3614 m).

The Wägitalersee (SZ) was formed in 1925 by ▷ the construction of an embankment-type dam on a narrow stretch near Gugelberg in the upper half of the Wägital valley. The water covered 26 farmsteads and a flourishing bathing hotel. Rising from the lake are extensive chalky formations, and in the distance the Glarus and Uri Alps, the highest of which is the Tödi (3,614 m/11,853 ft).

Durch das Martinsloch (Bildmitte) scheint wenige Tage vor Frühlings- und Herbstanfang jeweils an einem Tag die Sonne kurz auf die Kirche von Elm (GL). Das eigenartige Felsentor ist ein natürlicher Durchbruch unter den Tschingelhörnern, an denen eine waagrecht verlaufende Linie deutlich zwei verschiedene Gesteinsschichten – eine weichere obere (Verrucano) und eine härtere untere (Lochseitenkalk) – trennt.

C'est à travers la trouée dite Martinsloch (au milieu de l'image) que le soleil envoie directement et pour peu de temps ses rayons sur l'église d'Elm (GL), ceci peu avant le début du printemps et avant celui de l'automne. Cet étrange ouverture est une percée naturelle sous les Tschingelhörner sur lesquels une ligne horizontale sépare nettement deux couches rocheuses, la supérieure étant plus tendre et l'inférieure plus dure.

On two days of the year, just before the beginning of spring and autumn, the sun shines through the Martinsloch gap (centre) directly on the village church of Elm (GL). This unusual opening is a natural one below the Tschingelhorn peaks, through which a straight horizontal line clearly demarcates two different stone layers, a softer ("Verrucano") type above and a harder one beneath (perforated limestone).

STÄDTE, DÖRFER, WEILER, HÄUSER: DIE BESIEDELTE SCHWEIZ
VILLES, VILLAGES, HAMEAUX, MAISONS: LA SUISSE HABITÉE
CITIES, VILLAGES, HAMLETS, HOUSES: THE INHABITED SWITZERLAND

Benedikt Loderer

Schönschweiz und Gebrauchsschweiz

Seit 1945 ist in der Schweiz mehr gebaut worden als in allen vorangegangenen Generationen seit den Römern zusammen. Wer diesen Satz liest und sich nicht setzen muss, der verdrängt. Das Übermass, das hier behauptet wird, müsste schwindlig machen, das plötzliche Dickwerden zu Beschwerden führen. Doch wir Schweizer bleiben gelassen.

An unserem Bild lassen wir nicht rütteln. Die Schweiz ist schön, Punkt. Die Schweiz war immer schön und wird es bleiben. Seit Albrecht von Hallers «Alpen» (1729) und Jean-Jacques Rousseaus «La Nouvelle Héloïse» (1761) ist allen klar: Der edle Wilde wohnt nicht in der Südsee, sondern in den Alpen. Er ist ein Bergbauer, genauer ein Senn, der angesichts der Majestät der Berge bescheiden und natürlich geblieben ist. Bis auf den heutigen Tag. Keiner ist schöner, wahrer, ursprünglicher, kurz: natürlicher. Heute tritt er als Skifahrer auf und ist in Bruno Kernen verkörpert. Diesen Glauben haben uns zwei eng verbundene Industrien eingeimpft: der Tourismus und die Reisebeschreibungen. Ihre gemeinsame Abkürzung ist die Postkarte. Ein sorgsam ausgewähltes Stück Schweiz. Genau gesteuerte, selektive Wahrnehmung. Was nicht ins Bild passt, kommt nicht aufs Bild. Weil das Bild schon vorher fertig war. Die Postkarte liefert nur die Bestätigung: Die schöne Schweiz ist vorindustriell.

Das führt zum Ausblenden. Wir sitzen zwar täglich im Auto, fahren über die Autobahn und bewegen uns durch das Leopardenfell von Siedlung und Landwirtschaft, doch zur Schweiz zählen wir diese Gegend nicht, jedenfalls nicht zur richtigen, der schönen Schweiz. In unseren Köpfen gibt es

Belle-Suisse et Suisse-pour-l'usage

Depuis 1945, on a construit, en Suisse, plus qu'au cours de toutes les générations précédentes depuis les Romains. Quiconque lit cette phrase et n'en reste pas bouche bée refoule ses sentiments. L'excès dont on parle ici devrait donner le vertige; ce grossissement soudain devrait causer des maux. Mais nous autres Suisses restons impassibles.

Nous n'admettons pas qu'on touche à notre image. La Suisse est belle. Un point, c'est tout. La Suisse a toujours été belle et le restera. Depuis *Les Alpes* d'Albrecht von Haller (1729) et *La Nouvelle Héloïse* de Jean-Jacques Rousseau (1761), les choses sont évidentes pour tout le monde: le bon sauvage ne vit pas dans les mers du Sud, mais dans les Alpes. C'est un paysan de montagne, un alpagiste plus précisément, qui, en face de la majesté des montagnes, est resté modeste et naturel. Et ce jusqu'au jour d'aujourd'hui. Aucun autre n'est resté plus beau, plus vrai, plus authentique, bref, plus naturel. Aujourd'hui, il se présente sous forme de skieur et est personnifié par Bruno Kernen. Cette croyance nous a été inoculée par deux industries étroitement liées: celle du tourisme et celle des récits de voyage. Leur abréviation commune est la carte postale, un morceau de Suisse soigneusement choisi: une perception sélective, manœuvrée avec précision. Ce qui ne convient pas dans l'image ne figurera pas sur l'image – parce que l'image était déjà achevée auparavant. La carte postale n'en livre que la confirmation: la belle Suisse est préindustrielle.

Cela conduit à une autre image. Nous montons tous les jours dans notre voiture, roulons sur l'autoroute et nous déplaçons sur la «peau de léopard» composée d'ag-

Beauty Switzerland and Utility Switzerland

Since 1945 more construction has taken place in Switzerland than in all previous generations since the Romans put together. Anyone who reads this statement without having to sit down is brushing it aside. The excess claimed here can make one dizzy, the sudden weight gain is bound to cause health problems. But we Swiss remain unmoved.

We don't allow anybody to shake the cage of our image. Switzerland is beautiful, full stop. Always was and always will be. Ever since Albrecht von Haller's "Alpen" (1829) and Jean-Jacques Rousseau's "La Nouvelle Héloïse" (1761) everybody knows that the True Wilderness does not lie somewhere in the South Seas but in the Alps. Its truest symbol is the mountain peasant, actually the Alpine dairyman, ever modest and natural against the backdrop of the majestic mountains. And he has remained so to this day. No Swiss figure is more attractive, truer or more original; in short, more authentic. But today he is incarnated in the form of a champion skier. Like Bruno Kernen, for example. Two closely connected industries have inoculated us with this conviction: tourism and travel descriptions. Their common abbreviation is the postcard. It shows a carefully chosen piece of Switzerland, a precisely angled, selected view. What doesn't fit the picture isn't in it. This is because the picture was already finished beforehand. The postcard only provides the confirmation: the beautiful Switzerland you see is the pre-industrial one.

The consequence of this is a fade-out. We all get in our cars every day and drive on the motorway through the patchwork of towns and countryside, but we don't consider this

unbewusst zwei Schweizen: die Schönschweiz und die Gebrauchsschweiz. Ihre Grenze im Land ist überaus verzahnt, doch muss man sie nicht geografisch, sondern historisch ziehen. Sie läuft auf der oben behaupteten Zeitscheide: Alles, was seit den Römern bis 1945 gebaut worden ist, zählt zur Schönschweiz, was seither entstanden ist, zur Gebrauchsschweiz. Man kann es auch einfacher ausdrücken: vor und nach dem Dickwerden, vor und nach der Zersiedelung.

Selbstverständlich gab es die Gebrauchsschweiz schon vorher, aber sie war konzentriert. Es gab allerorten Industrie, aber es gab auch das Land. Und das Land war die Schweiz, Schweizer Land eben. Neu ist, dass das Land verschwunden ist. Es gibt nur noch Rückzugsgebiete. In den Köpfen erstens und in den Bergen zweitens. Und die Mächtigkeit der Berge verstellt den Blick. Weil es so viele davon hat und weil sie so bildfüllend sind, sehen wir die Haupttatsache nicht. Sie hat einen Namen und heisst Agglomeration.

Tatsachen

Eine zeitgemässe Form der Reiseliteratur ist ein Buch wie «Die Schweiz von oben». Fliegen heisst hier nicht herumsausen, sondern herunterschauen. Spelterini, der Ballonpionier, ist der wahre Luftschiffer. Denn er bewegte sich langsam, und alle Bilder in diesem Buch sind langsame Bilder. Wir stehen still beim Betrachten. Unter uns dehnt sich ein Stück Schweiz. Und wie schon bei Spelterini ergreift uns dabei ein gelinder Schrecken. Der Standort in der Luft ist so unsicher und die Schweiz von oben so wenig vertraut. Aber es ist eine gute Sehschule, die Berge verstellen den Blick nicht mehr.

Und so sehen wir endlich die Tatsachen. Das Geäder der Autobahnen zuerst. Das grösste, teuerste, prägendste Bauwerk der Schweiz schlechthin. Auf den Postkarten ist es nicht zu finden. Aber die hellen Bänder dieses Netzes sind die neuen Kraftlinien des Landes, nicht die Flüsse, nicht die Eisenbahnen. Von oben lesen wir heute die Schweiz als Strassenkarte. Und wir werden uns bewusst, was Zersiedelung heisst: Autofahren. Die Gebrauchsschweiz ist die Autoschweiz. Sie reicht so weit, wie das Auto fährt.

glomérations et d'agriculture, mais nous ne rangeons pas cette région dans la Suisse, en tout cas pas dans la vraie Suisse, la belle Suisse. Dans nos têtes, nous avons inconsciemment logé deux Suisses: la Belle-Suisse et la Suisse-pour-l'usage. Leurs limites dans le pays s'engrènent à l'extrême; il ne faut pourtant pas les tracer en fonction de la géographie mais de l'histoire. Elles se placent sur la ligne de démarcation située dans le temps et définie plus haut. Tout ce qui a été construit depuis les Romains jusqu'en 1945 est à ranger dans la Belle-Suisse; ce qui s'est constitué après, dans la Suisse-pour-l'usage.

Une Suisse-pour-l'usage existait, bien entendu, auparavant, mais elle était concentrée. Il y avait de l'industrie en maint endroit, mais il y avait aussi la campagne. Et la campagne était la Suisse, la terre suisse justement. Ce qui est nouveau, c'est que la campagne a disparu. Il n'y a plus que des zones de repli: premièrement dans les têtes et deuxièmement dans les montagnes. Et l'ampleur des montagnes bouche la vue. Parce qu'il y en a tant et parce qu'elles occupent tant de place sur l'image, nous ne voyons pas la réalité majeure. Celle-ci a un nom et s'appelle «agglomération».

Réalités

Une des formes actuelles de la littérature de voyage est celle d'un livre comme le présent: *La Suisse vue du ciel*. Là, voler en avion ne signifie pas foncer à tort et à travers, mais regarder du haut des airs. Spelterini, le pionnier du vol en ballon, est le véritable navigateur dans les airs. Car il se déplaçait lentement, et toutes les images de ce livre sont des images «lentes». En dessous de nous s'étend un fragment de Suisse. Et comme à l'époque pour Spelterini, nous sommes saisis d'une légère frayeur. L'endroit dans les airs est si peu sûr et la Suisse vue d'en haut nous est si peu familière. Mais notre petite démarche est une bonne «école de vision»: les montagnes ne bouchent plus la vue.

Et c'est ainsi que nous voyons enfin des réalités. Le lacis des autoroutes d'abord: la construction la plus grande, la plus coûteuse, la plus marquante. Inutile de la chercher sur les cartes postales. Mais les rubans clairs

to be Switzerland, or at least not the true Switzerland, the beautiful one. In our minds there are actually two Switzerlands: the Beauty one and the Utility one. The zigzagging, intricately meshed border between them has been traced by history, not by geography. It runs along the time divide mentioned above: everything made from the time of the Romans until 1945 belongs to Beauty Switzerland and everything built since is in Utility Switzerland. Or to express it even more bluntly: the time border is before and after the country got fat, before and after its uncontrolled development.

Naturally there was a Utility Switzerland before, but it was concentrated. There was some industry everywhere, but there was open land as well. And the land was Switzerland, Swiss land. What is new is that the land has disappeared. Now there are only withdrawal areas; firstly, those in our minds and secondly those in the mountains. And the majesty of the mountains distorts our view. There are so many of them; they so overwhelm our view that we miss the main point: it has a name, and the name is agglomeration.

Facts

A book like "Switzerland: an Overview" is an up-to-date form of travel literature. Here flying isn't just zooming around, but looking down. Spelterini the balloon pioneer is our real pilot. He moves us along slowly; all the photographs in this book are slow ones. As we look at them we remain motionless, suspended aloft. Down below is a piece of Switzerland. And, as in Spelterini's time, we can't help feeling just a little anxious. Our position up in the air is so unsure, and Switzerland from above is so unfamiliar. But it's good training for the eyes; the mountains no longer distort our view.

And now we see the facts. We see first the motorways, like veins: the biggest, most expensive and most conspicuous Swiss constructions of all. You don't find them on the postcards. But those light-coloured strands of motorway network are the new and true lines of force in this country, not its rivers or its railways. Today from the air we read Swit-

Dazu gehört selbstverständlich auch die Hüslischweiz. Vor 1945 gab es klare Verhältnisse. Es gab Städte, die, wie man damals sagte, Vororte hatten, und es gab Dörfer. Es gibt beides nicht mehr. Was es aber gibt, ist das Leopardenfell, das das ganze Mittelland überzieht, den produktiven Teil des Landes also. Ein Gemenge von Siedlung und offenem Land, eng ineinander verzahnt, ohne einsichtiges Bildungsgesetz. Schimpfwörter wie Siedlungsbrei und Verhäuselung beschreiben das dumpfe Gefühl, das uns täglich begleitet. Denn hier wohnen wir. Mitten im Grünen sitzen wir in der Stadt. Es gibt nichts anderes mehr. Städtische Verhältnisse herrschen in der ganzen Agglomeration. Dass die Leute unbeirrt behaupten, auf dem Land zu leben und im Dorf, ist blosser Abwehrzauber. Denn den grossen Sprung nach 1945, den haben wir noch lange nicht verdaut. Unser Bewusstsein arbeitet viel langsamer als unsere Bauindustrie.

Entwicklungen

Von oben, wo wir buchstäblich über den Dingen stehen, sehen wir die Entwicklungssprünge, die Jahrringe der Besiedelung, und wir können dem Dickwerden nach 1945 nicht länger ausweichen. Da oben weht auch ein stärkerer Wind, der vielleicht die Kraft hat, unsere Oberstübchen etwas durchzublasen mit Luftstössen, die darin einige alte, lieb gewordene Möbelstücke wenigstens etwas abstauben und verschieben könnten. Zum Beispiel das muffige Bett, das wir Föderalismus nennen, ein Brutplatz der Beschränktheit. Wir liegen darin bewegungslos, bis wir anfaulen. Doch unterdessen dreht sich unter uns die Welt weiter, was wir von oben genau verfolgen können. Wir betrachten zum Beispiel die Verdichtung. Wo ist das Leopardenfell schwarz, zusammenhängend schwarz? Dort, wo schon früher die grössten Flecken waren. Im Klartext: Millionen-Zürich, Arc lémanique, Gross-Basel, ein Stück Mittelland um Bern herum und die Verbindungslinien dazwischen, südlich der Alpen der Ölfleck Lugano. Das dürfte eigentlich gar nicht sein, weil die offizielle Politik etwas ganz anderes wollte und will. Das ganze Land sollte möglichst

de ce réseau sont les nouvelles lignes de force du pays... pas les cours d'eau, pas les chemins de fer. D'en haut nous lisons aujourd'hui la Suisse sous forme de carte routière. Et nous commençons à nous rendre compte de ce que signifie mitage des sites: c'est rouler en auto. La Suisse-pour-l'usage est la Suisse de l'automobile. Elle s'étend aussi loin que roule l'auto.

La Suisse-des-maisonnettes en fait également partie, bien entendu. Avant 1945, la situation était claire. Il y avait des villes flanquées de ce qu'on appelait alors des faubourgs, et il y avait des villages. Les deux n'existent plus. Ce qui existe, c'est la peau de léopard qui recouvre le Moyen-Pays tout entier, soit la partie productive du pays. Un mélange disparate d'habitats et de terres non bâties, étroitement enchevêtrés, sans principe de constitution compréhensible. En pleine zone verte, nous nous trouvons plantés en ville. Les conditions propres au milieu urbain règnent dans toute l'agglomération. Le fait que les gens prétendent imperturbablement habiter à la campagne et au village est une simple réaction de refoulement. Car le grand bond fait après 1945, nous ne l'avons pas digéré, tant s'en faut! Notre prise de conscience travaille bien plus lentement que notre industrie du bâtiment.

Evolutions

D'en haut, où nous nous trouvons littéralement au-dessus des choses, nous voyons les bonds de l'évolution, les cernes de la construction d'habitats, et nous ne pouvons plus échapper au grossissement postérieur à 1945. Il est vrai qu'un vent plus fort souffle là-haut, qui parviendra peut-être à dépoussiérer et à déplacer dans nos crânes quelques vieux meubles qui nous sont devenus chers. Le lit sentant le renfermé, par exemple, que nous appelons fédéralisme, incubateur d'étroitesse d'esprit. Nous y restons couchés sans bouger jusqu'à ce que la pourriture nous gagne. Mais entre-temps, le monde continue à tourner, ce que, d'en haut, nous pouvons très bien suivre des yeux. Nous observons, par exemple, la densification. Où la peau de léopard est-elle noire, d'un noir continu? Là où se trouvaient, autrefois déjà,

zerland like a road map. And we realize what traffic overload is. Utility Switzerland is Car Switzerland. It reaches as far as the car can go.

To this of course must be added "Home Sweet Home Switzerland". Before 1945 the situation was clear. There were cities that had what were called suburbs, and there were villages. Nowadays neither exist any longer. What we now have is the patchwork that covers the entire midland region, the productive part of the country. It's a mixture of settlements and open land, closely interwoven, something that has come about without any sensible formative law. Out in the country we're sitting in the city. Urban conditions exist throughout this entire agglomeration. When people imperturbably claim that they live in the country or in a village, it's nothing but a defensive manœuvre. The truth is that we still haven't digested the great leap taken after 1945. Our consciousness works a lot slower than our construction industry.

Developments

From the air, where we are literally above it all, we see the development leaps of the built-up areas, concentrically spread around like tree rings; now we can no longer fail to notice the weight gain that began in the post-war years. Up here where the wind is a bit stronger; perhaps it has the force to blow some fresh air through our upper storey, where a few old, favourite pieces of furniture could stand some dusting-off and shifting around. For example, the stuffy old bed we call federalism, a breeding-place for narrow-mindedness. There we lie, immobile, until we start to rot. But in the meantime the world underneath us continues to turn, as we can clearly follow from above. We look at the areas of density below us, for example. Where are these areas the most dense, the most continuous? Where the largest settled areas were before. In plain language: Zurich, population 1+ million, or the broad arc of the Lake of Geneva, or Greater Basel, or the midland section around Berne and the connecting lines in between, or, south of the Alps, the oil spot of Lugano. And it's not supposed to be like that at all; official poli-

gleichmässig entwickelt werden; die konzentrierte Dezentralisation hat man das einmal genannt, und heute heisst es Städtenetz Schweiz. Und was geschah unterdessen? Die konzentrierte Zentralisation, der Aufstieg Zürichs zur Hauptstadt der Gebrauchsschweiz. Dass die Politschweiz immer noch in Bern sitzt, ist unterdessen belanglos. Unser Bewusstsein aber liegt immer noch im Faulbett des offiziellen Föderalismus und spielt Schweiz von gestern, ritualisiert, unfähig aufzustehen.

Der Blick von oben hilft auch in die Zukunft sehen. «Überall ist jemand» heisst auch: Es gibt keinen Platz mehr für Neues. Andersherum: Wenn wir uns vorstellen, dass wir in den nächsten 50 Jahren noch einmal so viel bauen wie in den vergangenen, so wird uns nicht bloss schwindlig, nein, wir stürzen ab. Das Doppelte nochmals? Es ist schlicht unvernünftig, weiterhin so zu tun, als kämen die goldenen Zeiten wieder. Noch dicker werden hiesse platzen. Wir werden uns also auf eine neue Schweiz einrichten müssen, die viel mit der alten zu tun hat. Statt der Neureichenschweiz eine Bescheidenschweiz. Wir haben innerhalb von zwei Generationen zu viel Schweiz konsumiert. Mit dem, was übrig blieb, müssen wir pfleglich umgehen. Das Wirtschaftswachstum stösst an seine natürlichen Grenzen. Wer will denn aus dem Rest der Schönschweiz auch noch Gebrauchsschweiz machen? Womit auch klar wird, was die Gebrauchsschweiz in Wirklichkeit ist: konsumierte Schönschweiz.

Vollnutzung

Von oben sieht man auch eine eigentümlich bunte Schweiz. Als Folie über dem Land schimmert der Flickenteppich der Baugesetze durch, der das ganze Land lückenlos bedeckt. Die Schweiz ist das erste Land der Welt, in welchem jeder Quadratmeter seiner Oberfläche einen Eigentümer hat und dieser Quadratmeter auch in einer Zone liegt. Die Schweiz ist voll genutzt. Von jedem Fleck Land, ob See, Gletscher, Felswand, Acker oder Bauerwartungsland, weiss man, wozu es gebraucht werden kann. Was auch bedeutet, dass bereits feststeht, wofür es nicht

les plus grandes taches. En clair, la Zurich des millions, l'Arc lémanique, le Grand-Bâle, une portion de Moyen-Pays tout autour de Berne ainsi que les lignes de communication entre tout cela; au sud des Alpes, la tache d'huile de Lugano. A vrai dire, cela ne devrait pas être ainsi parce que la politique officielle voulait et veut tout autre chose. Le pays dans son ensemble devait être développé aussi uniformément que possible: autrefois on appelait cela la décentralisation concentrée, aujourd'hui cela s'appelle Suisse-Réseau de villes. Et qu'est-il arrivé entretemps? On a concentré la centralisation, Zurich s'est élevée au rang de capitale de la Suisse-pour-l'usage. Le fait que la Suisse politique est toujours à Berne n'importe plus guère.

Le regard que l'on jette d'en haut aide aussi à entrevoir l'avenir. «Partout il y a quelqu'un» signifie aussi: il n'y a plus de place pour quelque chose de neuf. Autrement dit: si nous imaginons que nous construirons, au cours des 50 prochaines années, autant qu'au cours des 50 dernières, nous ne serons pas simplement pris de vertige, non, nous nous effondrerons. Le double de ce qui est? Il est tout bonnement déraisonnable de faire comme si les années fastes allaient revenir. Grossir davantage encore signifierait éclater. Nous aurons donc à nous arranger en vue d'une nouvelle Suisse qui a beaucoup à faire avec la vieille. Au lieu d'une Suisse-des-nouveaux-riches une Suisse-modeste. Nous avons consommé trop de Suisse en l'espace de deux générations. Il faut que nous gérions avec soin ce qui nous reste. La croissance économique atteint ses limites naturelles. Qui donc voudrait encore faire du reste de la Belle-Suisse une Suisse-pour-l'usage? Voilà qui met en évidence ce que la Suisse-pour-l'usage est en réalité: une Belle-Suisse que nous avons consommée.

Utilisation intégrale

Vue d'en haut, la Suisse apparaît aussi étrangement multicolore. Le patchwork des lois sur la construction s'y dessine comme à travers une pellicule transparente qui recouvrirait complètement tout le pays. La Suisse est le premier pays du monde dans lequel chaque

tics wants something else, and always has, of course. The entire country was as far as possible supposed to be homogeneously developed; the term was "concentrated decentralization". Now it's "city-network Switzerland". What happened in the meantime? Concentrated centralization is what happened. Zurich rose to be the capital of Utility Switzerland. It's now unimportant that the capital of political Switzerland is still in Berne. Nevertheless our minds still lie in the dingy old bed of official federalism playing "Switzerland Yesterday"; we're ritualized and incapable of getting up.

The view from above also helps us to see into the future. "Everywhere there's somebody" also means: there's no more room for anything new. Putting it the other way round, when we think that in the next 50 years we shall build again as much as we have in the last half-century, we not only get dizzy, we're afraid we're going to fall out of the sky. Twice as much again? It's sheer insanity to continue acting as if the golden age will return once more. To get any fatter would mean bursting. So we shall have to set up a new Switzerland, one that has much more to do with the old one. Instead of a new-rich Switzerland, we have to become a modest one. Within two generations we have consumed too much of Switzerland. We must go easy on what is left of it. The economic boom is approaching its natural limits. Who still wants to make what's left of Beauty Switzerland into Utility Switzerland? By now it should be clear what Utility Switzerland actually is: consumed Beauty Switzerland.

Full utilization

The view from above also shows a Switzerland that is variegated in a rather odd way. Like a seamless foil spread over the land, the invisible but absolutely real patchwork carpet of construction regulations completely covering the entire country shines through. Switzerland is the first country in the world where every single square metre of its surface has an owner and where every square metre also lies in a zone. Switzerland is fully utilized. We know precisely what every bit of it can be used for, whether it's a

gebraucht werden darf. Die wichtigste Unterscheidung ist jene in Bauzonen und Nichtbauzonen. Sie trennt ziemlich genau die Gebrauchsschweiz von der Schönschweiz.

Wir sind voll verplant, was nicht Planung bedeutet, sondern Wertzumessung. Die Nutzungsmöglichkeit und der Standort bestimmen den Wert eines Grundstücks. Zwischen 1985 und 1991 stieg der Index der Bodenpreise im Kanton Zürich von 180 auf 500 Punkte, die Löhne von 160 auf 200. Rechne. Unterdessen sind die Bodenpreise auf rund 420 Indexpunkte gefallen, bleiben aber verglichen mit den Löhnen immer noch 200 Punkte zu hoch. Einfacher ausgedrückt: der Schweizer Boden ist auch für die Schweizer viel zu teuer. Das sieht man der Gebrauchsschweiz unterdessen auch an. Die Brachflächen nehmen unaufhaltsam zu. Es gibt sogar Schweizer Land, bei welchem man dafür zahlen muss, dass es jemand übernimmt. Mindestens die Kosten für die Beseitigung der Altlasten nämlich. Dass es hierzulande Grundstücke gibt, die nichts wert sind, ja sogar eine Belastung darstellen, das ist neu und unerhört. Schweizer Land galt als die beste Inflationsversicherung, ein Trugschluss. Wir lernen ein altes Buchhalterwort wieder neu deklinieren: Ertragswert.

Und ein bisher unbekannter Bautyp ist aufgetaucht. Heute von oben noch kaum sichtbar, wird er in einigen Jahren als hohler Zahn im Gelände zu entdecken sein: die Neuruine. Neubauten, meistens Bürogebäude, die sich vor dem Baugesetz als Gewerbehaus getarnt hatten, konnten gar nie vermietet werden und werden es auch nie. Sie stehen da und verrotten, niemand will sie, es sind die Denkmäler der wilden Achtzigerjahre.

Zusammenfassend sieht man von oben endlich die Gebrauchsschweiz, genauer, das Normale. Die Gebrauchsschweiz ist europäischer Durchschnitt auf höherem Niveau. Wir haben alles auch, nur teurer gemacht und besser ausgerüstet. Und überall ist jemand. Das Leopardenfell hat keine Löcher mehr, der Trog des Mittellands ist voll. Die Stadt Schweiz geht vom Boden- bis zum Genfersee. Die Leere, die uns im Ausland so

mètre carré de sa surface a un propriétaire et où ce mètre carré se trouve aussi dans une zone. La Suisse est entièrement utilisée. On sait à quoi peut servir chaque coin du pays, qu'il appartienne à un lac, un glacier, une paroi rocheuse, un champ ou à un terrain à bâtir. Ce qui signifie aussi qu'on a fixé d'avance l'usage qu'on n'est pas en droit d'en faire. La distinction la plus importante est celle des zones de construction et des zones de non-construction. Elle sépare assez exactement la Suisse-pour-l'usage de la Belle-Suisse.

Notre territoire est complètement programmé, ce qui ne signifie pas que tout est planifié, mais que tout est évalué. La valeur d'un terrain est déterminée par la possibilité de son utilisation et par son emplacement. Entre 1985 et 1991, l'indice des prix du terrain, dans le canton de Zurich, a grimpé de 180 à 500 points, celui des salaires, de 160 à 200 points. Faites le calcul! Entre-temps, les prix du terrain sont tombés à quelque 420 points d'indice, mais, par rapport aux salaires, cela fait encore 200 points de trop. En termes plus simples: le terrain suisse est beaucoup trop cher, même pour les Suisses. Ce qui se voit entre-temps dans la Suisse-pour-l'usage. Les surfaces non utilisées augmentent constamment.

Il y a même des terres suisses pour lesquelles il faut payer afin que quelqu'un les reprenne ou reprenne tout au moins les frais pour en éliminer les anciennes charges. Le fait qu'il y ait, dans ce pays, des biens immeubles qui ne valent rien, qui constituent même une charge, ce fait est nouveau et inouï. Les immeubles suisses passaient pour la meilleure assurance contre l'inflation: une aberration. Il faut déchanter. Nous réapprenons à décliner un vieux terme comptable: valeur de rendement.

Et un type de construction inconnu jusqu'ici a surgi. Aujourd'hui à peine visible encore d'en haut, il apparaîtra comme une dent creuse dans le terrain: la «néoruine». De nouveaux bâtiments, généralement des immeubles de bureaux qui s'étaient camouflés sous l'étiquette d'immeubles commerciaux ou industriels pour suffire à la loi sur la construction, n'ont jamais pu être loués et ne

lake, a glacier, a cliff, arable or maintained land. This also means that it's already been decided what the land may not be used for. The main difference is that of construction zones and non-construction zones. This is pretty much what divides Utility Switzerland from Beauty Switzerland.

The country is planned to the hilt; but it's not so much planning as value allocation. The possible utilization and the site determine the value of a piece of property. Between 1985 and 1991 the land price index in the Canton of Zurich rose from 180 to 500 index points, while wages rose from 160 to 200. Work it out for yourself. In the meantime the land price index has declined to about 420 points, but is still some 200 points too high as compared with wages. To put it more simply, Swiss land has become too expensive even for the Swiss themselves. And Utility Switzerland shows it, by the way. The tracts of land lying fallow are increasing steadily. There are even areas of Swiss land where people must be paid for taking them over, at least, in the sense of assuming the cost of disposing of infrastructure in deplorable condition, extraordinary environmental damage, etc. That there are actually pieces of land in this country that constitute an encumbrance is something new and unheard of. Owning a piece of Swiss land has always been considered the best hedge against inflation, a sure thing. We are learning to decline an old bookkeeping term – earning power – in a new way.

Moreover, a previously unknown type of construction has now emerged. At the moment it's still hardly visible from above, but in a few years it will be discovered, like a hollow tooth in the Swiss terrain. It's the neo-ruin. Neo-ruins are new constructions, in most cases office buildings, which had been disguised to the building authorities as factories, but have never been able to be rented out and never will be. There they stand, becoming ever more delapidated. Nobody wants them. They're monuments to the wild boom days of the eighties.

Summing up, from far above we can finally see Utility Switzerland, or more precisely, the normal one. Utility Switzerland is the

befremdet, fehlt. Es gibt noch zwei Zustände im Land: die Stadt Schweiz und die Berge.

Das Leopardenfell gleicht jenen anderswo, die Besiedlungsform unterscheidet sich von oben kaum von jener des Auslandes. Gebrauchsdeutschland, zum Beispiel, sieht von oben kaum anders aus als die Gebrauchsschweiz. Was im Umkehrschluss nichts anderes heisst als: Wir sind wie die. Früher schon waren wir gewöhnlich, aber mit mehr Geld, und heute sind wir nur noch gewöhnlich mit grossen Reserven. Von oben gesehen zerrinnt der Sonderfall Schweiz.

Pflege

Wenn wir so weit sind, ist das Oberstübchen ausgelüftet. Und wir dürfen uns mit gutem Gewissen der Schönschweiz zuwenden. Sie ist hinreissend! Sie ist so schön, wie wir sie uns vorstellen, der wohlgepflegteste Stein- und Krautgarten der Erde! Es gibt ein treffendes Wort dafür: Kulturlandschaft. Kultivierte, von Kultur gesättigte Gegend. Cultura heisst Pflege, Agricultura also Ackerpflege, und wir sehen von oben die Landespflege. Die Besiedlung der Schönschweiz zeigt die Jahrhunderte dauernde Pflege der Landschaft, ob auf dem Land oder in den Städten. Sie zeigt den haushälterischen Umgang mit dem Boden, nicht weil er teuer war, sondern weil man ihn nötig hatte. Als Lebensgrundlage. Die Schönschweiz erweist sich von oben gesehen als die Klugschweiz, die Vernunftschweiz und die Sparschweiz. Anders ausgedrückt: Das Gegenteil von Cultura ist der Raubbau. Die Schönschweiz ist die erneuerbare.

Und die Schönschweiz erzählt ihre Geschichte (die Gebrauchsschweiz übrigens auch). Es ist die Geschichte der vorindustriellen Welt (das Wort heile Welt versteckt die sozialen Tatsachen). Es ist jene, nach der wir uns immer noch sehnen. Warum besuchen wir die Altstädte, nie aber die Vorstädte? Warum schützen wir mit grossem Aufwand die vorindustriellen Kerne und lassen darum herum wuchern, was ökonomisch geschieht?

Wie konnte die Denkmalpflege zur Macht im Staate werden? Weil es unsere Sehnsüchte verlangen. Wir haben Ausdrücke

le seront jamais. Ils se trouvent là et se délabrent, personne n'en veut; ce sont les monuments des folles années 80.

En rassemblant le tout, on voit enfin, du haut des airs, la Suisse-pour-l'usage ou, plus précisément, la normale. Cette Suisse-là correspond à la moyenne européenne à un niveau plus élevé. Nous aussi, nous avons tout, mais en plus cher et en mieux équipé. Et partout il y a quelqu'un. La peau de léopard n'a plus de trous; l'auge du Moyen-Pays est pleine. La ville nommée Suisse s'étend du Bodan jusqu'au Léman. Le vide qui nous surprend si désagréablement à l'étranger y fait défaut. Il n'y a plus que deux espaces habités dans le pays: la ville nommée Suisse et les montagnes.

Notre peau de léopard ressemble à celles d'ailleurs. Vue d'en haut, la forme de l'habitat ne diffère guère de celle de l'étranger, de l'Allemagne-pour-l'usage, par exemple, à peine différente, vue d'en haut, de la Suisse-pour-l'usage. Ce qui, par déduction, signifie simplement: nous sommes comme ceux-là. Autrefois nous étions déjà ordinaires, mais avec plus d'argent. Aujourd'hui nous ne sommes plus qu'ordinaires avec de grandes réserves. Vu d'en haut, le *Sonderfall* Schweiz, le cas particulier appelé Suisse, se réduit à rien.

Entretien

Quand nous serons arrivés à ce point, nos crânes seront aérés et nous pourrons nous tourner en bonne conscience vers la Belle-Suisse. Celle-là est superbe! Elle est aussi belle que nous l'imaginons; c'est le jardin alpin et potager le mieux entretenu du monde! Il y a un terme pour la caractériser: paysage humanisé, cultivé. *Agricultura,* agriculture, c'est la culture, l'entretien des terres et, d'en haut, nous voyons que cela s'étend à tout le pays. Les régions habitées de la Belle-Suisse montrent l'entretien des sites durant des siècles, à la campagne comme à la ville. Elles montrent que l'on a traité le sol avec sagesse et économie, non pas parce qu'il était cher, mais parce qu'on en avait besoin en tant que base pour la vie. Vue d'en haut, la Belle-Suisse s'avère être la Suisse-judicieuse, la Suisse-raisonnable et la Suisse-économe. En d'autres termes: le contraire de «cultiver» est

European average, only on a higher level. We have everything Europe has, too; it's just more expensively made and better equipped. Everywhere there's somebody. The patchwork has no more holes in it; the trough of midland Switzerland is full. The city of Switzerland stretches from the Lake of Constance to Geneva. The emptiness that disturbs us so much in other countries is missing here. There are two conditions left in the country: the city Switzerland and the mountains.

The patchwork resembles others, elsewhere, and seen from the air, the pattern of habitation here seems hardly different from what you see abroad. When you look down on Utility Germany, for example, it seems very similar to Utility Switzerland. The converse, of course, is: we're similar to them. Formerly we were normal, but with more money; now we're just normal with great reserves. Seen from a high altitude, Special Case Switzerland is melting away.

Cultivation

If we have come this far, then our upper storey has had an airing out. Now we can devote ourselves with a good conscience to Beauty Switzerland. And stunning it is! It is as beautiful as we imagine it, probably the best-kept stone and herb garden in the world! There's an appropriate expression for it: a landscape cultivated by man. Cultivated, that is, a terrain saturated with culture. "Cultura" means cultivation, and agricultura means cultivation of the land. From the air we see cultivation of the country. The settlement of Beauty Switzerland shows the cultivation of the land that has gone on for centuries, whether in the country or the cities. It shows how the people have managed the land, not because it was expensive, but because it was needed. It was the basis of life. Seen from above, Beauty Switzerland turns out to be Wise Switzerland, Reasonable Switzerland and Thrifty Switzerland. To put it in other words, the opposite of Cultura is destructive exploitation. Beauty Switzerland is the renewable one.

And Beauty Switzerland tells us its story (Utility Switzerland too, for that matter). It's the history of the pre-industrial world (the

wie «unberührt» oder «intakt» in unserem Wortschatz und wenden sie auf Siedlungen an, die weder unberührt noch intakt sind, wie wir genau wissen. Die Schönschweiz ist keineswegs mehr vorindustriell, sie verkleidet sich nur so. Das verbiegt zwar den Charakter der Schönschweizer etwas ins Selbstbetrügerische, doch trotzdem, diese Überbleibsel und Rückzugszonen trösten uns. Sie geben uns Halt und mildern den Schock, den das plötzliche Dickwerden in uns auslöste. Die Schönschweiz ist eine Entschädigung für die Gebrauchsschweiz. Wir haben sie bitter nötig, denn die Schönschweiz stabilisiert unser Gemüt.

Identität

Wir sind Touristen im eigenen Land. Von der Gebrauchsschweiz pendeln wir in die Schönschweiz, um dort unsere Identität neu zu festigen. Denn da wir in unserem tiefsten Innern von der Schönheit des Landes überzeugt sind, müssen wir zuweilen die Agglomeration verlassen und uns landschafts- und siedlungsmässig erholen. Es gibt zwei Richtungen: die Stadtkerne und die Berge. Je nach der Nahrung, die uns fehlt. In der Altstadt mehr Kultur-, in den Bergen mehr Naturgenuss. Und für beide Richtungen sind genügend lohnende Ziele vorhanden. Dieses Buch beweist es.

Und ohne jeden Zynismus sei hier wiederholt: Die Schönschweiz ist hinreissend! Wer sich in die Bilder vertieft, wird als Erstes die Vielfalt bemerken. Diese Vielfalt ist unser kulturelles Kapital, zu dem wir Sorge tragen müssen. Dem plötzlichen Dickwerden stellen wir trotzig die magere Schweiz gegenüber. Sie steckt in der dicken Schweiz drin und will hinaus. Genauer: Sie ist das Skelett der Dickschweiz und hält sie aufrecht. Hier wäre das Wort «Identität» fällig, leider ist es schon so abgegriffen.

So erweist sich die Schönschweiz als unsere Rettung. Sie verankert uns in der Agglomeration, sie gibt unserem Blick eine Richtung. Leider nach hinten. Aber immerhin: Wir haben eine Herkunft, die Schönschweiz, die Kulturlandschaft beweist uns uns selbst. Dick und unbeweglich, wie wir geworden sind – wenn auch mobil wie noch

«exploiter abusivement». La Belle-Suisse est la Suisse-renouvelable.

Et la Belle-Suisse raconte son histoire (la Suisse-pour-l'usage aussi d'ailleurs). C'est l'histoire du monde préindustriel (la locution «monde intact» en cacherait les aspects sociaux). C'est le monde dont nous avons gardé la nostalgie. Pourquoi visitons-nous les vieilles villes et jamais les faubourgs? Pourquoi protégeons-nous à grands frais les noyaux préindustriels et laissons-nous foisonner tout autour ce qui se passe dans le domaine économique? Comment l'entretien des monuments a-t-il pu devenir une puissance dans l'Etat? Parce que nos nostalgies l'exigent. Nous avons des termes tels que «vierge» et «intact» dans notre vocabulaire et nous les appliquons à des zones habitées qui ne sont ni vierges ni intactes, nous le savons parfaitement d'ailleurs. La Belle-Suisse n'est plus du tout préindustrielle, elle n'en porte que le déguisement. Cela fausse un peu le caractère des habitants de la Belle-Suisse parce qu'ils s'illusionnent, et pourtant: ces vestiges et ces zones de repli nous consolent. Ils nous soutiennent et atténuent le choc que notre grossissement soudain nous a asséné. La Belle-Suisse nous dédommage de la Suisse-pour-l'usage. Nous en avons bien besoin, car la Belle-Suisse stabilise notre âme.

Identité

Nous sommes des touristes dans notre propre pays. Nous faisons la navette entre la Suisse-pour-l'usage et la Belle-Suisse pour consolider notre identité dans cette dernière. Car, au plus profond de nous-mêmes, nous sommes convaincus de la beauté de notre pays et c'est pourquoi nous devons quitter de temps à autre l'agglomération et nous rétablir en matière de paysage et d'habitat. Deux destinations s'offrent: le noyau des villes et la montagne, selon la «nourriture» qui nous manque. Nous trouverons plus de jouissance culturelle dans la vieille ville, plus de jouissance de la nature dans les montagnes. Et il y a assez de buts d'excursion valables dans les deux directions. Le présent ouvrage le prouve.

Enfin, répétons-le sans aucun cynisme: la Belle-Suisse est superbe! Ceux qui se plon-

term "intact world" hides the social realities), the one we still long for. Why do we always visit the old inner core of a city, but never its suburbs? Why do we preserve the pre-industrial town centres at great expense, and let everything around them grow and be determined be economic factors alone? How has the preservation of national monuments been able to become a power in the state? It's because our longings require it. We have expressions such as "untouched" or "intact" in our vocabulary and apply them to human settlements that are neither untouched nor intact, as we well know. The conservation of beauty is not at all something pre-industrial, but is only camouflaged as such. Although this may seem to warp the character of the Beauty Switzerland citizen toward self-deception, these remnants and withdrawal zones console us. They give us support and ease the shock that our sudden weight gain has given us. Beauty Switzerland is a recompense for Utility Switzerland. We need it badly, because Beauty Switzerland stabilizes our feelings.

Identity

We've become tourists in our own country. We commute from Utility to Beauty Switzerland in order to consolidate our identity there. Being convinced of the beauty of the country in our innermost being, we must get out of the agglomeration from time to time and refresh ourselves with a landscape and a picturesque settlement. There are two directions: into the old inner cities or into the mountains. It depends on the type of nourishment we lack. In the old inner city there is more cultural enjoyment; in the mountains, it's more the enjoyment of Nature. And there is a sufficient number of rewarding destinations for both directions. This book proves it.

And, all cynicism aside, let's repeat once again: Beauty Switzerland is stunning! When you look closely at these pictures, the first thing you notice is their diversity. This diversity is our cultural capital; this is what we must care for. We must defiantly confront our sudden obesity with the lean Switzerland that is within the fat one and wants to

nie –, sorgt die Schönschweiz für Ordnung in unserem Gemüt. Das Netz unserer Altstädte hält die Agglomeration zusammen, gibt ihr Merkpunkte und Orientierungshilfen. Orte, wo wir die Verdichtung als höhere Bedeutung spüren. Die Landvogteischlösser auf den Hügeln winken uns beruhigend zu: Ja, noch sind wir da und die Schweiz intakt.

Der Blick von oben ist heilsam. Das Land liegt offen da. Die selektive Wahrnehmung hat ihre Mühe. Wir sind gezwungen, die Tatsachen zur Kenntnis zu nehmen, und sehen, wie die Gebrauchs- und die Schönschweiz ineinander verschlungen daliegen. Sie sind unzertrennlich.

gent dans ces images remarqueront en premier lieu leur diversité. Celle-ci est notre capital culturel dont nous devons prendre soin. Au grossissement soudain, nous opposons obstinément la Suisse maigre. Celle-ci se trouve à l'intérieur de la grosse Suisse et cherche à en sortir. Plus précisément: elle est le squelette de la Grosse-Suisse qu'elle maintient debout. Ici le terme d'identité serait de mise, mais il est tellement usé. Dommage!

C'est ainsi que la Belle-Suisse s'avère être notre salut. Elle permet de nous ancrer dans l'agglomération, elle donne une direction à notre regard… vers l'arrière, hélas. Mais toujours est-il que nous avons une origine, la Belle-Suisse. Le paysage humanisé nous fournit la preuve de ce que nous sommes. Devenus gros et ankylosés – bien que plus mobiles que jamais – nous devons à la Belle-Suisse de remettre de l'ordre dans notre âme. Le réseau de nos vieilles villes maintient la cohésion de l'agglomération, lui donne des jalons et des repères, des lieux où nous percevons la densification comme ayant une signification plus élevée. Les châteaux des baillis sur les collines nous font des signes apaisants: oui, nous sommes encore là, et la Suisse est intacte.

Le regard que l'on jette du haut des airs est salutaire. Le pays s'étale ouvertement devant nous. On a de la peine à le percevoir sélectivement. Nous sommes contraints de prendre note des faits et voyons s'étendre, entrelacées, la Suisse-pour-l'usage et la Belle-Suisse. Elles sont inséparables.

get out. Stated more precisely, it is the skeleton of obese Switzerland and is what holds it up. Here the word "identity" would be appropriate, but unfortunately it has become over-used.

Seen in this way, Beauty Switzerland can turn out to be our salvation. It anchors us in the agglomeration, and it gives our outlook a direction. But unfortunately the direction is backwards. But still, we do have an origin, and it is Beauty Switzerland; the centuries-old landscape of man's creation proves us to ourselves. Overweight and immovable as we have become – even though we're more mobile than ever – Beauty Switzerland somehow puts order in our feelings. The network of all our old inner cities holds the agglomeration together, providing it with reference points and orientation assistance. They are places where we feel that the condensation has a higher meaning. The castles of the mediaeval land governors up on the hilltops seem to give us a friendly wave; yes, we're still here, Switzerland's still intact.

The view from above is salutary. Down there lies the land, far below, open. Selective perception is difficult. We're compelled to take note of the facts and see how Utility Switzerland and Beauty Switzerland lie there, indistinguishably entwined. They are inseparable.

Das mittelalterliche Städtchen Regensberg liegt auf dem steil abfallenden östlichen Ausläufer der Lägernkette. Die Anlage ist in die befestigte Oberburg und die Unterburg gegliedert. Sie wurde zwischen 1244 und 1246 durch den Freiherrn Lüthold V. von Regensberg gegründet und später an die Habsburger verkauft.

La petite ville médiévale de Regensberg est située sur le contrefort très raide de la chaîne de la Lägern. La cité se compose de l'Oberburg, partie fortifiée, et l'Unterburg. Fondée entre 1244 et 1246 par Lutold V de Regensberg, elle fut vendue plus tard aux Habsbourgs.

The mediaeval town of Regensberg lies on the steep slopes of the eastern foothills of the Lägern chain, and is divided into the fortified Oberburg and the Unterburg. It was founded in 1244–46 by Baron Lüthold V and later sold to the Hapsburgs.

◁ Das Zentrum von Zürich wird durch die Limmat geteilt. Die Münsterbrücke verbindet das Grossmünster (links) mit dem Fraumünster (im Vordergrund). Auch wenn die historischen Stadtstrukturen durch Neubauten und Strassen aufgebrochen sind, haben sich malerische Altstadtgassen erhalten.

◁ La Limmat coupe en deux le centre-ville de Zurich. Le Münsterbrücke relie le Grossmünster (à gauche) au Fraumünster (à l'avant-plan). Bien que les bâtiments et les rues modernes aient porté atteinte aux structures historiques de la ville, de nombreuses ruelles pittoresques nous offrent toujours une image harmonieuse.

◁ Zurich's centre is divided by the River Limmat. The Münsterbrücke bridge connects the Grossmünster (left) with the Fraumünster (foreground). Even though many historical city buildings have given way to new buildings and streets, the picturesque lanes of the old town have remained largely intact.

Die Altstadt von Winterthur weist die klaren Strukturen einer mittelalterlichen Stadtanlage auf; in der Mitte die beiden Türme der dreischiffigen Stadtkirche. Um die Altstadt herum wurde ein grüner Gürtel angelegt, der dem Zentrum der schweizerischen Maschinen- und Metallindustrie zum Beinamen «Gartenstadt» verholfen hat.

La vue de la vieille ville de Winterthour nous offre l'image d'une cité médiévale aux structures claires et nettes; au milieu les deux tours de l'église principale à trois nefs. C'est à l'espace vert aménagé tout autour de la vieille ville que ce centre traditionnel de l'industrie suisse de la métallurgie et des machines doit sa qualification de «ville des jardins».

The old town of Winterthur exhibits the clear structures of a mediaeval city, with the twin towers of the town church with its three naves in the centre. The green belt laid around the old town has helped to make Winterthur – the centre of Switzerland's machine and metal industry – also known as the "Garden City".

Zürich ist die bevölkerungsreichste Stadt der Schweiz. Im Zentrum der Senkrechtaufnahme des Zürcher Seebeckens liegen der Hauptbahnhof, vor dem sich die Gleise bündeln, und links von ihm das Landesmuseum. Darüber sind auf beiden Seiten der Limmat die gewachsenen Altstadtbereiche mit ihren engen Gassen gut zu erkennen.

Par le nombre d'habitants, Zurich est la première ville de la Suisse. Au centre de cette photo prise directement au-dessus du bassin zurichois, on voit la gare centrale devant laquelle les voies ferrées se rencontrent, et à gauche de la gare le Musée national suisse. Au-dessus, des deux côtés de la Limmat, on distingue nettement les quartiers de la vieille ville avec leurs ruelles étroites.

Zurich is Switzerland's most populated city. In the middle of the vertical view of the Zurich lake basin is the main railway station with its complex system of tracks, and to the left the Landesmuseum, the Swiss historical museum. Above it on both sides of the Limmat the areas of the old town with its narrow lanes can clearly be seen.

◁ Luzern liegt am Ausfluss der Reuss aus dem Vierwaldstättersee. Sein Wahrzeichen ist die 1333 erbaute Kapellbrücke mit dem Wasserturm. Links der moderne Bahnhof; das Portal des historischen (davor) blieb erhalten. Ganz links das von Jean Nouvel entworfene und 1998 erbaute Kultur- und Kongresszentrum.

◁ Lucerne se trouve au bord de la Reuss, là où celle-ci quitte le lac des Quatre-Cantons. Son symbole est le Kapellbrücke construit en 1333 avec la tour dans l'eau, la Wasserturm. A gauche, la nouvelle gare et, devant celle-ci, le portail de l'ancienne resté intacte. A gauche le Centre de Culture et des Congrès, conçu par Jean Nouvel et réalisé en 1998.

◁ Lucerne lies at the point where the River Reuss leaves the Lake of Lucerne. Its landmark is the Kapell Bridge, built in 1333 with the water tower. On the left is the new railway station with the entry gate of the old station in front of it, on the far left the Culture and Congress Centre, designed by Jean Nouvel and built in 1998.

Auf dem Landsgemeindeplatz in Zug wird längst schon nicht mehr die Politik des Standes Zug bestimmt, dafür dient der verkehrsfreie Hauptplatz der Zuger Altstadt mit den daran anschliessenden ausgedehnten Quaianlagen heute als Flaniermeile.

Il y a beau temps qu'on ne prend plus de décisions politiques sur la place de la Landsgemeinde à Zoug. En revanche, la place principale, devenue piétonne, de la vieille ville de Zoug, avec les vastes quais adjacents, est maintenant une agréable zone de flânerie.

It has been a long time since the political matters of the city of Zug (ZG) were decided on the Landsgemeindeplatz, once the site of open-air citizens' meetings. Today the main square of the Zug old town is traffic-free for strollers and shoppers.

Die fast kreisrunde, kompakte Altstadt von Olten (SO) an der gedeckten Brücke über die Aare hebt sich von der grossflächigen neueren Bebauung rundherum deutlich ab. Der wirtschaftliche Aufschwung Oltens kam mit der Eisenbahn, die hier, an zentraler Stelle im Schweizer Eisenbahnnetz, einen repräsentablen Bahnhof und eine grosse Reparaturwerkstätte einrichtete (unten links).

La vieille ville d'Olten (SO), compacte, presque circulaire, avec son pont couvert qui enjambe l'Aar, se distingue nettement des quartiers plus récents tout autour d'elle. Olten doit son essor économique au chemin de fer qui, là, en position centrale dans le réseau des voies ferrées suisses, y installa une gare représentative et un grand atelier de réparations (en bas, à gauche).

The almost perfectly round and compact old town of Olten (SO) with its covered bridge over the Aare contrasts with the later constructions surrounding it. Olten's economic upsurge came with its importance as a railway hub, as shown by the size of its station and large train repair facilities (below left).

◁ Basel, die Brückenstadt am Rhein, wird seit je vom Verkehr bestimmt. 1225 wurde der erste Flussübergang errichtet, ein Vorläufer der heutigen Mittleren Rheinbrücke (auch im Bild die mittlere), was die Ausdehnung der Stadt ans andere Rheinufer, nach Kleinbasel, ermöglichte.

◁ Bâle, ville des ponts sur le Rhin, a été déterminé depuis toujours par le trafic. En 1225, on construisit le premier ouvrage franchissant le fleuve, prédécesseur de l'actuelle *Mittlere Rheinbrücke* (le pont du milieu sur l'image), ce qui permit à la ville de s'étendre sur l'autre rive, dans le Petit-Bâle.

◁ Basel, the bridge city on the Rhine, has always been stamped by travel and transport. In 1225 the first bridge over the Rhine was built, the forerunner of the present Middle Bridge (the middle one in the photo), permitting the city to extend to the smaller Kleinbasel on the other side.

Das ehemalige Benediktinerkloster Rheinau (ZH), auf einer lang gezogenen Insel im Rhein gelegen, geht auf eine Gründung aus dem Jahr 778 zurück. Die heutige Anlage, ein Barockbau vom Anfang des 18. Jahrhunderts, wurde nach der Auflösung des Klosters 1867 zur kantonalen Heil- und Pflegeanstalt umgebaut.

L'ancienne abbaye bénédictine de Rheinau (ZH), située sur une île allongée dans le Rhin, remonte à une fondation de l'an 778. L'établissement actuel, une construction baroque des débuts du XVIIIe siècle, fut transformé en 1867, après la sécularisation de l'abbaye, en maison de santé et de soins cantonale.

The former Benedictine monastery of Rheinau (ZH) lying on a rather long island in the Rhine, dates back to 778. Its present baroque buildings were constructed at the beginning of the 18th century, and after the dissolution of the monastery in 1867 it was converted into the cantonal sanatorium and nursing home.

An der engsten Stelle einer Reussschlaufe liegt das Städtchen Bremgarten (AG), eine habsburgische Gründung aus dem 13. Jahrhundert. Deutlich sind die verschiedenen Teile der Siedlung zu unterscheiden: die älteste Oberstadt (oben) wird von einer markanten Häuserzeile gegen die Unterstadt mit dem Kirchenbezirk abgegrenzt (oberhalb Bildmitte).

C'est sur le tronçon le plus étroit d'une boucle de la Reuss que se trouve la bourgade de Bremgarten (AG), fondée par les Habsbourg au XIIIe siècle. Les parties de l'agglomération se distinguent nettement: la ville haute (en haut) se démarque de la ville basse englobant le district des églises par une rangée de maisons frappantes (au-dessus du milieu de l'image).

Lying on a tight loop of the River Reuss, the town of Bremgarten (AG) was founded by the Hapsburgs in the 13th century. The parts of the town can be clearly seen: the oldest (above) with its marked rows of houses, is bordered by the lower town with its church area (just above centre).

◁ Das streng geometrische Ortsbild von La Chaux-de-Fonds (NE) entstand im 19. Jahrhundert, nachdem die Stadt 1794 durch einen Brand zerstört worden war. Auch die Kirchen (links vorne die Eglise Sacré-Cœur, dahinter der Temple Farel) haben sich diesem Plan untergeordnet.

◁ La physionomie strictement géométrique de La Chaux-de-Fonds (NE) est due à la reconstruction totale de la ville, détruite par un incendie ravageur en 1794. Même les églises (au premier plan à gauche celle du Sacré-Cœur, derrière, le temple Farel) se sont soumises à ce plan.

◁ The strict geometric layout of La Chaux-de-Fonds (NE) came about when the city was rebuilt in the 19th century after being destroyed by fire in 1794. Even the churches (Sacré-Cœur, below left, and the Temple Farel behind it) conform to the overall plan.

Das mittelalterliche Städtchen Gruyères (FR) liegt auf einem Hügelsporn, dominiert vom Schloss, dessen älteste Teile ins 13. Jahrhundert zurückreichen. Der altertümliche Ort ist vom verschlafenen Provinznest längst zur international bekannten Touristenattraktion aufgestiegen.

La ville moyenâgeuse de Gruyères (FR), construite sur un mamelon isolé, est dominée par son château, dont les parties les plus anciennes remontent au XIIIe siècle. Cette bourgade ancienne, jadis patelin somnolent, est devenue depuis longtemps une attraction touristique de renommée internationale.

The mediaeval town of Gruyères (FR) lies on a ridge dominated by a castle, whose oldest sections date back to the 13th century. The old town has long changed from being a sleepy provincial nest to an international tourist attraction.

Freiburg breitete sich ausgehend von einem Mäandersporn der Saane (rechts der Bildmitte) zu beiden Seiten des Flusses aus. Die Saane hat sich hier über 100 m tief in das Molasseplateau eingeschnitten. Die gotische Bausubstanz der Altstadt aus der Zeit bis zum 16. Jahrhundert ist weitgehend erhalten.

Partant d'une terrasse surplombant la Sarine (à droite du milieu de l'image), la cité de Fribourg a envahi les deux côtés de la rivière. Ici, la Sarine a creusé son lit dans la molasse jusqu'à une profondeur de plus de 100 m. L'architecture gothique de la vieille ville, datant du XVIe et des siècles précédents, est en grande partie restée intacte.

Freiburg (Fribourg) spread from a meander of the River Saane (on the right) to both sides of the river. Here the river has cut a path into the Molasse plateau that is over 100 m deep. The Gothic architectural elements of the old town from the time up to the 16th century have remained largely intact.

◁ Genfs Brückenlandschaft ist im 19. Jahrhundert im Zuge der Stadterweiterung zum See hin und über die Rhone entstanden. Der älteste Flussübergang, der breite Pont-de-l'Ile, geht allerdings bereits auf die Zeit der Römer zurück.

◁ Le site des ponts de Genève ne s'est constitué qu'au XIXe siècle dans le cadre de l'extension de la cité en direction du lac et du Rhône. L'ouvrage de franchissement le plus ancien, le large Pont de l'Ile, remonte toutefois à l'époque romaine.

◁ Geneva's bridge landscape was created in the 19th century for the purpose of extending the city to the lake and over the Rhone. The oldest crossing, which is the wide Pont-de-l'Ile (island bridge), nevertheless dates back to Roman times.

Auf der fast kreisrunden Insel im kleinen Mauensee (LU), südöstlich von Sursee, ist schon im 13. Jahrhundert eine Burganlage belegt. Mit dem Bau eines Landschlösschens, von dem heute noch der stattliche Mittelbau erhalten ist, wurde 1605 begonnen. Seit dieser Zeit ist die Insel über einen Holzsteg mit dem Festland verbunden.

La présence d'un château fort sur cet îlot presque circulaire dans le petit Mauensee (LU) est déjà attestée au XIIIe siècle. La construction d'un petit manoir dont l'imposant bâtiment central a été conservé fut commencée en 1605. Depuis lors, cet îlot est relié à la terre ferme par une passerelle en bois.

It is known that as early as the 13th century there was a fortress castle on the little round island in the small lake Mauensee (LU), to the southeast of the town of Sursee. Construction of a country house, of which the large central portion still remains, was begun in 1605. Since that time a wooden footbridge connects the island to the shore.

Die Brissago-Inseln im Langensee (TI) sind schon seit römischer Zeit besiedelt. Eine russische Grossfürstin erwarb sie 1874 und errichtete auf der Isola Grande einen Herrschaftssitz in einem exotischen Garten. Ein nachfolgender Besitzer ersetzte die Bauten auf der Insel durch eine neoklassizistische Villa. Seit 1950 ist die Anlage für das Publikum geöffnet. Als botanischer Garten beherbergt sie rund 1800 subtropische Pflanzenarten aus aller Welt.

Les îles de Brissago dans le lac Majeur (TI) sont habitées depuis l'époque romaine. Une grande-duchesse russe en fit l'acquisition en 1874 et y érigea une résidence seigneuriale entourée d'un jardin exotique. Un propriétaire suivant remplaça les bâtiments de l'île par une villa néoclassique. Depuis 1950, le domaine est ouvert au public. Jardin botanique, il héberge quelque 1800 espèces de plantes subtropicales.

The Brissago islands in the Lago Maggiore (TI) have been inhabited since Roman times. A Russian Grand Duchess purchased them in 1874 and had a villa built on the Isola Grande in the midst of an exotic garden. A later owner replaced the buildings on the islands with a neo-classical villa. The main island has been open to the public since 1950. Its botanical garden contains about 2,800 subtropical plants from all over the world.

◁ Am Ende des 12. Jahrhunderts gründete Herzog Berchtold von Zähringen die Stadt Bern in einer Aareschlaufe. Ihre ursprüngliche Grundstruktur hat die Stadt bis heute beibehalten, auch wenn die meisten der heutigen Altstadthäuser aus dem 17. und 18. Jahrhundert stammen.

◁ A la fin du XIIe siècle, le duc Berchtold von Zähringen fonda la ville de Berne dans une boucle de l'Aar. La cité a gardé sa structure fondamentale originelle jusqu'à ce jour, même si la plupart des maisons actuelles de la vieille ville datent des XVIIe et XVIIIe siècles.

◁ At the end of the 12th century, Duke Berchtold von Zähringen founded the city of Berne on a loop of the River Aare, and the city has retained its original layout to this day, even though most of the houses of the present old city date from the 17th and 18th centuries.

Das Wasserschloss Hallwil im Seetal (AG) hat seine heutige Form weitgehend im 16. Jahrhundert und durch Restaurierungen und Umbauten im 19. und 20. Jahrhundert erhalten; die erste Burganlage auf der aus dem Gelände gegrabenen hinteren Insel (im Bild unten) geht aber auf das 11. Jahrhundert zurück.

Le château entouré d'eau de Hallwill dans le Seetal (AG) remonte en grande partie, tel qu'il se présente aujourd'hui, au XVIe siècle et, par des restaurations et transformations, aux XIXe et XXe siècles. La première demeure fortifiée sur l'île adjacente (en bas sur l'image) date cependant du XIe siècle.

The moated castle of Hallwil at Seetal (AG) took on its present form in the 16th century as well as through renovations in the 19th and 20th centuries. However, the first fortress on the dug-out island (below) dates back to the 11th century.

Die Burg von Aarburg (AG) liegt lang gestreckt auf einem Jurakamm, an dessen Fuss die Aare durch eine Klus schiesst. An dieser strategisch wichtigen Stelle errichteten die Grafen von Froburg im 12. Jahrhundert eine erste Burg, die unter Berner Herrschaft mit der charakteristischen bastionierten Befestigung versehen wurde.

Le château d'Aarburg (AG) s'étire en longueur sur une crête du Jura, au pied de laquelle l'Aar fonce à travers une cluse. C'est à cet endroit stratégique que les comtes de Frobourg érigèrent un premier château fort au XIIe siècle qui fut pourvu sous le régime bernois de la fortification bastionnée caractéristique.

The fortress castle of Aarburg (AG) lies atop an extended Jura ridge at the foot of which the Aare shoots through a gap. At this strategic spot the counts of Froburg erected the first fortress in the 12th century. This was provided with its characteristic bastioned fortifications under Bernese rule.

◁ Das Schloss Chillon bei Montreux (VD) ist eine der meistbesuchten Tourismusattraktionen der Schweiz. Die Anlage auf einem Felssporn im Genfersee mit einem markanten Bergfried, einer inneren und einer äusseren Ringmauer erhielt ihre heutige Form weitgehend im 13. Jahrhundert unter den Grafen von Savoyen.

◁ Le château de Chillon près de Montreux (VD) est l'une des attractions touristiques les plus visitées de Suisse. Cette demeure féodale construite sur un éperon rocheux dans le Léman, avec son donjon marquant et ses deux murs d'enceinte (interne et externe) reçut en grande partie sa forme actuelle au XIIIe siècle sous les comtes de Savoie.

◁ The Castle of Chillon near Montreux (VD) is one of the most frequently visited tourist attractions in Switzerland. The complex, lying on rocky outcrop on the Lake of Geneva with a remarkable keep, and inner and outer surrounding wall, received its present form largely in the 13th century under the counts of Savoy.

Die Strafanstalt Lenzburg (AG), 1864 eröffnet, ist eines der typischen Gefängnisse des 19. Jahrhunderts, die nach dem panoptischen Bausystem konstruiert sind: Von einem zentralen Rundbau gehen die Gefängnistrakte strahlenförmig ab, was beste Übersicht gewährleistet.

Le pénitencier de Lenzbourg (AG), inauguré en 1864, est l'une des prisons typiques du XIXe siècle, construites selon le système panoptique. Les ailes de la prison rayonnent autour d'une rotonde centrale, ce qui assure une excellente vue d'ensemble sur le tout.

The Lenzburg penal institution (AG), opened in 1864, exhibits a typical prison construction plan of the 19th century known as the panoptic system: all the wings radiate out from a central structure, permitting efficient supervision.

Als eine der schönsten Barockanlagen Europas gilt das Benediktinerkloster Einsiedeln (SZ). Das 1704 bis 1784 nach Plänen von Caspar Moosbrugger errichtete Bauwerk demonstriert die Macht und die kulturelle Ausstrahlung des Wallfahrtsortes und des Klosters.

L'abbaye bénédictine d'Einsiedeln (SZ) compte parmi les plus belles constructions baroques d'Europe. Cette œuvre architecturale, érigée selon les plans de Caspar Moosbrugger entre 1704 et 1784, traduit la puissance et le rayonnement culturel de ce fameux couvent et lieu de pélerinage.

The Benedictine monastery of Einsiedeln (SZ) is regarded as one of the most beautiful Baroque structures in Europe. Built between 1704 and 1784 according to the plans of Caspar Moosbrugger, the imposing complex manifests the power and cultural influence of this place of pilgrimage and monastery.

◁ Die Lokomotivremise St. Gallen, 1902/03 für die Vereinigten Schweizer Bahnen errichtet und 1909 bis 1911 erweitert, ist mit 21 Ständen das grösste Ringdepot der Schweiz. Seit Mitte 1998 wird die Anlage, die den Betriebsabläufen der modernen Bahn nicht mehr gerecht wird, als Galerie genutzt.

◁ Le hangar de locomotives de Saint-Gall, construit en 1902–1903 pour les *Vereinigte Schweizer Bahnen* et agrandi de 1909 à 1911, est le plus grand dépôt circulaire de Suisse (21 emplacements). Depuis mi-1998, cet entrepôt qui ne suffit plus aux conditions d'exploitation des chemins de fer modernes sert de salle d'exposition.

◁ The huge locomotive depot roundhouse at St. Gall, built in 1902–03 for the Swiss railways and expanded between 1909 and 1911, is the largest of its kind in Switzerland, with 21 stalls. However, as its design no longer suits the operations of a modern railway, since the middle of 1998 it is used as a gallery.

«Steinreich» sind die Besitzer des ehemaligen Bauernhofes «Tambrig» bei Obfelden (ZH) im doppelten Sinn des Wortes, denn der Kies, den der Reussgletscher in der letzten Eiszeit als Dutzende von Metern tiefes Schotterfeld abgelagert hat, ist als hochwertiges Baumaterial begehrt. Heute ist die Kiesgrube zum Teil wieder aufgefüllt.

Les «cailloux» ont enrichi les propriétaires de cette ancienne ferme à Obfelden (ZH), car le gravier déposé par le glacier de la Reuss lors de la dernière époque glaciaire, est un matériau de construction précieux, très demandé. Aujourd'hui cette gravière est comblée partiellement.

"Filthy rich" in both senses of the term are the owners of this former farmstead at Obfelden (ZH); the gravel deposits left here by the Reuss glacier in the last Ice Age are dozens of metres (yards) deep and valued as a high-quality construction material. Today the pit is filled up partly.

Der «Urserenwald» oberhalb Andermatt (UR) ist für den Ort von lebenswichtiger Bedeutung, denn er bewahrt die Siedlung vor den Lawinen, welche die steilen Hänge des Gemsstocks (2961 m) herabkommen. Der Schutz des Waldes vor menschlichen Eingriffen ist denn auch schon durch einen Bannbrief von 1397 belegt.

La forêt «Urserenwald» au-dessus d'Andermatt (UR) est d'importance vitale pour cette station d'altitude, car elle la protège contre les avalanches qui descendent des pentes raides du Gemsstock (2961 m). La protection de cette forêt contre les interventions humaines est donc déjà attestée dans un document de 1397.

The arrowhead-shaped "Urserenwald" forest above Andermatt (UR) is vitally important to the town, protecting it from avalanches coming down the steep slopes of the Gemsstock (2,961 m/9,712 ft). The protection of this forest from any human intervention is attested to by an edict dated 1397.

◁ Ein Nutzungskonflikt der besonderen Art am Rande Zürichs: Brutal durchschneidet die Autobahn A2 die grosse Schrebergartenanlage, welche sich zwischen der Kläranlage Werdhölzli (oben), dem Gaswerk Schlieren (unten links) und dem Gutsbetrieb Juchhof (unten) ausdehnt.

◁ Conflit d'exploitation d'un genre particulier à la périphérie de Zurich: l'autoroute A2 coupe brutalement en deux la grande aire de jardins ouvriers, qui s'étend entre la station d'épuration Werdhölzli (en haut), l'usine à gaz de Schlieren (en bas, à gauche) et la ferme du Juchhof (en bas).

◁ Here a utilization conflict of a special kind is seen near the Zurich city limits: the A2 motorway brutally severs in two the large family garden area extending from the Werdhölzli water treatment plant (above) to the Schlieren gasworks (below left) and the Juchhof freight yards (bottom).

Zwei Generationen von Kraftwerksbauten treffen auf der «Energieinsel» in der Aareschlaufe von Beznau im unteren Aaretal (AG) aufeinander: das 1898 bis 1902 erbaute Flusskraftwerk (links) und die beiden mit Aarewasser gekühlten Kernkraftwerke Beznau I und II, 1969 und 1971 in Betrieb genommen.

Deux générations de centrales électriques se côtoient sur l'«île de l'énergie» dans la boucle de l'Aar de Beznau (vallée inférieure de l'Aar en Argovie): la centrale au fil de l'eau (à gauche) et les deux centrales nucléaires Beznau I et II, refroidies avec l'eau de l'Aar, mises en service respectivement en 1969 et en 1971.

Two generations of power plant constructions meet on the "energy island" of Beznau at a bend of the Aare in the lower Aare valley (AG): the river power plant (left), built 1898–1902, and the two Aare water-cooled atomic power plants Beznau I and II, started up in 1969 and 1971 respectively.

Eine 151 m hohe und 504 m lange Mauer staut im hinteren Valsertal 100 Mio. m^3 Wasser zum Zervreilasee (GR). Er ist das Kernstück eines Kraftwerksystems, welches in vier Zentralen das Gefälle vom Seespiegel (1862 m) bis nach Rothenbrunnen im Domleschg (622 m) nutzt.

Un mur de 151 m de hauteur et 504 m de longueur retient, dans l'arrière-vallée de la Valsertal, 100 millions de m^3 d'eau qui forment le lac artificiel de Zervreila (GR). Celui-ci est le cœur d'un système de centrales qui exploitent la différence entre le niveau du lac (1862 m) et Rothenbrunnen dans le Domleschg (622 m d'altitude).

At the back of the Valser valley, a wall 151 m (495 ft) high and 504 m (1,650 ft) long dams up more than 100 million cubic metres (3.53 billion cubic feet) of the Zervreilasee lake (GR). It is the heart of a hydroelectric power system using the decline in the lake water level from 1,862 m (6,107 ft) to Rothenbrunnen in the Domleschg valley (622 m, 2,040 ft).

Kontraste im Sopraceneri (TI): Ascona (links vorne), Losone (links hinten), Locarno (rechts oben) und die Ortschaften entlang dem Sonnenhang der Cimetta (rechte Bildhälfte) präsentieren sich heute, nach drei Jahrzehnten zügelloser Bautätigkeit, als eine zusammenhängende, wuchernde Siedlung. Das Maggiadelta, erst von 1891 bis 1907 durch die Kanalisierung des Flusses überhaupt urbar gemacht, ist weitgehend überbaut, nur der Golfplatz (im Vordergrund) und einige Ackerflächen bleiben noch grün.

Contrastes dans le Sopraceneri (TI): Ascona (devant à gauche), Losone (derrière à gauche), Locarno (au milieu de l'image) et les localités longeant la pente ensoleillée de la Cimetta (moitié droite de l'image) se présentent aujourd'hui, après trois décennies de construction effrénée, comme une seule agglomération proliférante. Le delta de la Maggia, rendu cultivable de 1891 à 1907 seulement par la canalisation du cours d'eau, est largement couvert de constructions; seul le terrain de golf (au premier plan) et quelques champs sont encore verts.

Stark contrasts are presented here in the Sopraceneri region (TI): the town of Ascona (left foreground), Losone (left), Locarno (centre) and the villages along the sun-drenched slopes of the Cimetta (right half of photo). Today, after 30 years of almost unrestrained construction, all these towns look like one continuous sprawling conglomerate. The Maggia delta, first made cultivable by channeling the River Maggia in 1891–1907, is now largely overconstructed. Only the golf course (right foreground) and a few fields are still green.

Das malerische Tessin existiert noch – etwa in Form des Dorfes Morcote (TI) am Lago di Lugano. Seiner Lage wegen, eingezwängt zwischen dem See und dem Abhang des Monte Arbòstora, hat es sich im 20. Jahrhundert kaum entwickelt und die traditionelle Bausubstanz weitgehend bewahren können. Über dem Dorf thront die Pfarrkirche Santa Maria del Sasso, eine Gründung des Spätmittelalters, die ihre heutige Form im 18. Jahrhundert erhalten hat.

Le Tessin pittoresque existe encore – entre autres dans le village de Morcote (TI), au-dessus du lac de Lugano. En raison de son site, coincé entre le lac et la pente du Monte Arbòstora, il ne s'est guère étendu au XXe siècle et a pu conserver en majeure partie ses bâtiments traditionnels. Au-dessus du village se dresse l'église paroissiale de Santa Maria del Sasso, fondée à la fin du Moyen Age, qui a reçu son aspect actuel au XVIIIe siècle.

The picturesque canton of Ticino still exists, for example at Morcote, a dreamlike village on the Lake of Lugano. Thanks to its location, tightly squeezed between the lake and the vertical slope of the Monte Arbòstora, its appearance has remained virtually unchanged during the 20th century and the traditional buildings have remained largely intact. The parish church of Santa Maria del Sasso is enthroned above the village. Dating from the late Middle Ages, the church received its present form in the 18th century.

FREIZEIT, KULTUR, SPORT: DIE BEWEGTE SCHWEIZ
LOISIRS, CULTURE, SPORT: LA SUISSE EN MOUVEMENT
LEISURE, CULTURE, SPORTS: THE SWITZERLAND IN MOTION

Peter Stamm

«Nur weg von hier!»

Bewegung sei nicht möglich, sagte der griechische Philosoph Zenon von Elea, da jedes Ding zu jeder bestimmten Zeit nur an einem bestimmten Ort sein könne. Teile man die Zeit in beliebig kurze Teile, so zerfalle die Bewegung in unendlich viele Zustände der Ruhe. Aristoteles widersprach, die Zeit setze sich eben nicht aus einzelnen Zeitpunkten zusammen, sondern sei kontinuierlich. Aber Zenon hatte nicht ganz Unrecht. Zweieinhalbtausend Jahre nach seinem Tod gelang es mit der Fotografie erstmals, die Zeit einzufrieren. Und was Zenon vorausgesagt hatte, geschah: Auf den Bildern stand alles still, gab es keine Bewegung.

Die Bewegungsunschärfe, die in den Anfängen der Fotografie durch die oft stundenlangen Belichtungszeiten entstand, verschwand mit der Erfindung empfindlicherer Filme und schnellerer Verschlüsse. Heute können Hochleistungskameras sogar Wassertropfen oder Gewehrkugeln im Flug aufhalten. Es ist keine Bewegung vorstellbar, die so schnell wäre, als dass nicht durch irgendeine Art der Fotografie ein Standbild von ihr gemacht werden könnte. Der Film aber, die bewegte Fotografie, zeigt Bewegung genau so, wie Zenon sie sich vorgestellt hatte: als eine Aneinanderreihung von einigen Dutzend Stillständen pro Sekunde. Der Eindruck von Bewegung entsteht nur durch die Trägheit des Auges.

Bewegte Berge

Die Fotografie ist die Kunst, den Moment festzuhalten, genau den richtigen Moment, die richtige Dreissigstel- oder Sechzigstelsekunde. Keine Fotografie lässt sich je wiederholen. Sei es Henri Cartier-Bressons Knabe mit der Weinflasche, seien es Anselm

«Partir d'ici, rien de plus»

«Le mouvement est impossible», disait le philosophe grec Zénon d'Elée, arguant que chaque chose ne peut être qu'à un seul endroit précis à chaque instant précis, la divisibilité de l'espace et du temps rendant impossible le mouvement qui se décompose en une infinité d'états d'immobilité. Aristote rétorqua que le temps ne se composait pas de moments isolés mais était continu. Zénon n'avait pourtant pas tout à fait tort. Deux millénaires et demi après sa mort, la photographie réussit pour la première fois à «congeler» le temps. Et ce que Zénon avait prédit arriva: sur les images tout s'arrêtait, il n'y avait pas de mouvement. Le flou du mouvement dû, dans les débuts de la photographie, aux durées d'exposition qui s'étendaient parfois sur des heures, disparut avec l'invention de pellicules plus sensibles et d'obturateurs plus rapides. Aujourd'hui, les appareils de photos de haut niveau sont aptes à arrêter au vol même des gouttes d'eau ou des balles de fusil. On ne peut imaginer un mouvement assez rapide pour empêcher qu'on fasse de lui, par n'importe quelle espèce de photographie, un arrêt sur image. Le film quant à lui, photographie en mouvement, montre ce mouvement précisément comme Zénon d'Elée l'avait imaginé: comme un alignement de quelques douzaines d'arrêts par seconde. L'impression du mouvement ne se produit que grâce à la lenteur relative de la vision.

Montagnes en mouvement

La photographie est l'art de retenir l'instant, exactement l'instant qu'il faut, le trentième ou le soixantième de seconde qu'il faut. Aucune photographie ne peut être répétée. Que ce soit *Le garçon à la bouteille* de Henri Car-

"I'm out of here!"

Motion is not possible, said Zeno, the Greek philosopher, because a thing can only be in one place at any given moment. Even if time were divided into its very smallest parts, motion would then be divided up into infinitesimally small segments of rest. Aristotle contradicted Zeno, saying that time is not divided up into single points, but is continuous. But still, old Zeno was not entirely wrong. Two and a half thousand years after his death, photography succeeded in freezing a moment in time. And what Zeno foretold, came to pass: on a photograph everything stands still, there is no motion. The blurred outlines that often occurred in the early days of photography due to the long exposure times disappeared with the invention of more sensitive films and faster shutters. Today high-speed cameras can catch even falling drops of water or speeding bullets. There is no imaginable movement so fast that it cannot be frozen by some type of photography. A motion picture film, however, as moving photography, shows motion exactly as Zeno had imagined it: as a sequence of several dozen still photographs per second. The impression of movement is created purely by the slowness of the eye.

Mountains in motion

Photography is the art of catching the moment, exactly the right moment, the thirtieth or sixtieth of a second that counts. No photograph can ever be repeated, whether it's Henri Cartier-Bresson's boy with the wine bottle or Ansel Adam's landscapes, or even our amateur snapshots of a wedding or a dive into the water: Never again will the world be exactly as it was at the moment the photographer decided to press the shutter

Adams Landschaftsbilder oder auch nur die Schnappschüsse von einer Hochzeit oder einer Taufe: Nie wieder wird die Welt so sein, wie sie in dem Augenblick war, als der Fotograf, die Fotografin sich entschloss, auf den Auslöser zu drücken. Wir leben in einer stetig bewegten, in einer immer sich verändernden Welt. Deshalb vielleicht haftet Fotografien etwas Magisches an, deshalb vielleicht stimmen sie uns oft melancholisch. Weil sich nirgends wie in ihnen die ständige Veränderung zeigt.

Ein Bild von der Zürcher Street-Parade: Tausende von Menschen auf der Quaibrücke. Vielleicht hat der eine oder die andere den Helikopter gesehen, von dem aus das Bild gemacht wurde, hat sich nichts weiter dabei gedacht. Es war heiss, die Musik war laut, die Stimmung ausgelassen. Was bleibt, ist das Bild. Ein Bild, das unserem Land angemessener zu sein scheint, als es der Anlass war. Man denkt, wenn man an die Schweiz denkt, nicht an Bewegung.

Schon unsere Landschaften sind ein Sinnbild der Ruhe. Die stillen, oft tiefgründigen Seen, die grossen Wälder, die Berge. Aber so ruhig sie scheinen, sind sie doch in dauernder Bewegung. An manchen Orten sind im Fels noch die Falten zu sehen, die entstanden, als langsam wandernde Kontinente ineinander stiessen und die Alpen aufwarfen. Und überall in den Bergen sind Wasser und Wind zu hören, die den Stein abtragen, der unendlich langsam aus dem Erdinneren nach oben stösst. Es ist nie still in den Bergen.

So bewegt sich unser Land, bewegen sich seine Bewohner: langsam, bedächtig. Die Bewegung ist in der Schweiz nie selbstverständlich, sie ist in unserem schwierigen Gelände fast immer mit Mühsal verbunden. Deshalb wohl dauert in der Schweiz alles seine Zeit. Wege bieten sich nicht an, sie müssen gesucht werden.

Der neurotische Eisbär

Während eine Kugel auf flachem Untergrund theoretisch unendlich weit rollt, sucht sie im unebenen Gebiet, von der Schwerkraft gelenkt, den tiefsten Punkt und kommt dort schliesslich zur Ruhe.

tier-Bresson ou les paysages d'Anselm Adam ou encore tout simplement les instantanés d'un mariage ou d'un baptême, jamais le monde ne sera plus tel qu'il était quand le ou la photographe se décida à pousser le déclencheur. Nous vivons dans un monde en constant mouvement, toujours changeant. C'est peut-être pour cela que les photographies ont quelque chose de magique, pour cela peut-être qu'elles suscitent en nous de la mélancolie. Parce qu'en elles se révèle le changement constant.

Une photo de la Street-Parade à Zurich: des milliers de personnes sur le *Quaibrücke*. Peut-être l'un ou l'autre dans la foule avait-il vu l'hélicoptère d'où l'on a pris la photo et n'en a pas fait grand cas. Il faisait très chaud, la musique était bruyante, l'ambiance survoltée. Mais ce qui reste, c'est l'image, une image qui paraît plus conforme à notre pays que ne l'était cette fête. En évoquant la Suisse, on ne pense pas à «mouvement».

Nos paysages déjà sont symboles de calme. Les lacs tranquilles, souvent profonds, les grandes forêts, les montagnes. Mais si immobiles qu'ils paraissent, ils sont toujours en mouvement. En certains endroits, on peut encore voir dans le rocher les plis qui se formèrent lorsque, dans leur lente dérive, des continents entrèrent en collision et soulevèrent les Alpes. Et partout dans les montagnes on entend les eaux et le vent dont l'action érode la pierre qui, de l'intérieur de la Terre, se pousse vers le haut à un rythme infiniment lent. Jamais le calme ne règne dans la montagne.

C'est ainsi que se meut notre pays, que se meuvent ses habitants: lentement, précautionneusement. Le mouvement, en Suisse, ne va jamais de soi; il est presque toujours lié à un effort. C'est probablement pour cela qu'en Suisse toute chose demande son temps. Les voies à suivre ne se présentent pas d'elles-mêmes, il faut les chercher.

L'ours blanc névrotique

Sur une base plate, une boule roule, en théorie, infiniment loin, alors que sur un fond inégal, elle cherchera, sous l'effet de la pesanteur, le point le plus bas où elle finira par s'arrêter.

release. We live in a constantly moving, ever-changing world. This is perhaps why there's something magical about photographs, and something that often makes us melancholy, too. Maybe it's because nothing else makes us so aware of constant change.

A bird's-eye picture of the Zurich Street Parade, for example: thousands of people are massing on the Quai Bridge. Someone down there might have seen the helicopter from which the photo was taken, but thought nothing further of it. The weather was hot, the music was loud, the atmosphere festive. But all that remains is this picture. It's one that seems more appropriate to our country than its occasion was. When you think of Switzerland, you don't think of lively motion.

Even our landscapes are a symbol of peacefulness: the silent, deep lakes, the great forests, the mountains. But however still they seem, they're in unceasing movement. In many places you can still see the folds in the rocks created as slowly shifting continents crunched into one another and heaved up the Alps. Everywhere in the mountains you can hear water and wind, constantly wearing down the stone endlessly and slowly rising up from below. It's never really still in the mountains.

As the land moves, so do its inhabitants: slowly, deliberately. Motion in Switzerland is never taken for granted. In our difficult terrain it's almost always bound up with toil and effort. This is why everything in Switzerland takes time. Roads to somewhere are not there for the taking, they must be sought out.

The neurotic polar bear

While a sphere which is once set in motion, as we know, will theoretically roll to an infinite distance on a flat surface, on a sloping one it follows the law of gravity and seeks the lowest point and comes to rest when it reaches it.

But wherever there's a down there's an up, and wherever there are valleys there are mountains, on whose flanks stones that have remained in place for centuries may suddenly loosen and come crashing down into the valley. We live in a highly diverse landscape, a

Doch solange es ein Unten gibt, gibt es auch ein Oben, solange es Täler gibt, gibt es Berge, an deren Flanken sich plötzlich Steine lösen und, nachdem sie jahrhundertelang am selben Ort gelegen haben, in die Tiefe stürzen. Wir leben in einer ungleichen Landschaft, in einem Schwerefeld voller potenzieller Energie, die sich jederzeit in zerstörerische Bewegung – in Bergstürze, Schlamm- oder Schneelawinen – umwandeln kann. Diese potenzielle Energie steckt nicht nur in der Landschaft, sie steckt auch in den Menschen. Oft waren es gerade die Bewohner der entlegensten Täler, die sich aus langer Ruhe plötzlich aufmachten – erst als Söldner, später als Auswanderer –, um die Welt zu erfahren. Schweizerische Kolonien in der ganzen Welt zeugen noch heute davon, wie viele unserer Landsmänner und -frauen es hinaustrieb, wie viele den wilden Rest der Welt dem heimischen Paradies vorzogen.

Die Welt ist inzwischen eng geworden. So einfach es heute ist, sich zu bewegen, so schwierig ist es, eine neue Heimat zu finden oder zu gründen. So irren die Schweizer wie kein anderes Volk durch die Welt. Noch im hintersten Winkel der Erde, auf der entferntesten Insel und in der entlegensten Wüste sind sie unterwegs.

Auch zu Hause sind die Schweizer bewegter, als man es auf Anhieb denken könnte. Ruhelos bauen sie an ihrem Paradies. Kaum einen Flecken Ödland gibt es in unserem Land, der nicht wenigstens eingezäunt und beschildert ist. Auf jeder Anhöhe steht eine Bank, in jeder Waldlichtung eine gemauerte Feuerstelle, auf jedem Berggipfel eine Steinpyramide.

«Einer geht jahrelang jeden Tag, bei jedem Wetter auf einen Berg, nach Feierabend, drei Stunden Marsch, und trägt jedesmal einen grossen Stein mit sich», erzählte Peter Bichsel anlässlich seiner Frankfurter Poetikvorlesungen 1997. «Nach vielen Jahren hat er eine riesige Pyramide gebaut. Er äussert sich nicht dazu und möchte nicht darauf angesprochen werden.»

Überall in unserem Land entstehen solche Pyramiden, überall herrscht reger Betrieb, unablässige Bewegung, deren Sinn

Mais tant qu'il y aura un «en bas», il y aura un «en haut»; tant qu'il y aura des vallées, il y aura des montagnes sur les flancs desquelles des pierres se détacheront soudain et, après être restées durant des siècles à la même place, tomberont jusqu'au fond du val. Nous vivons dans un paysage inégal, dans un champ de gravité bourré d'énergie potentielle qui peut, à toute heure, se transformer en mouvement destructeur: en éboulements, en avalanches de boue ou de neige. Cette énergie potentielle n'est pas seulement logée dans le paysage, mais aussi dans les êtres humains qui y vivent. Souvent, ce furent précisément les habitants des vallées les plus reculées qui, après une longue période de tranquillité, se mirent soudain en route – en tant que mercenaires d'abord, d'émigrants plus tard – pour faire l'expérience du monde. Les colonies suisses dans le monde entier témoignent, de nos jours encore, du nombre de nos compatriotes qui se sentirent poussés à partir, qui préférèrent le reste du monde moins hospitalier au paradis familier.

Entre-temps, le monde s'est rétréci. Si faciles que soient devenus les déplacements aujourd'hui, il est difficile de trouver ou de fonder un nouveau lieu qui puisse devenir une patrie. C'est ainsi que les Suisses errent, plus qu'aucun autre peuple, à travers le monde. On les rencontre encore dans les coins les plus reculés de la Terre, sur l'île la plus lointaine, dans le désert le plus écarté.

Dans leur pays même, les Suisses bougent bien plus qu'on ne le croirait au premier abord. Infatigablement, ils s'occupent à parfaire leur paradis. Il n'y a guère, dans notre pays, un coin de terre inculte qui ne soit pour le moins enclos et pourvu d'un panneau. Sur chaque hauteur, on trouve un banc, dans chaque clairière un foyer maçonné, sur chaque cime une pyramide de pierres.

Partout dans notre pays, on construit de telles pyramides, partout règne une activité intense, un mouvement continuel dont le sens devient de moins en moins clair. Des milliers s'entraînent dans les instituts de remise en forme sur des machines dont l'unique fin est de détruire de la force. Là où l'on portait autrefois des fardeaux, on soulève

gravitational field full of potential energy that at any moment can turn into a destructive moving force in the form of landslides, mudslides or avalanches. This potential energy does not reside only in the landscape, it can also be found within the Swiss themselves. Often it was precisely the dwellers in the remotest valleys who suddenly exploded into action after a long period of stillness to go out into the world and seek their fortune, first as mercenaries and later as emigrants. Still today there are Swiss colonies all over the world which demonstrate how many men and women left their Alpine homelands, preferring the wilderness in distant parts of the world to their paradise at home.

In the meantime the world has grown smaller. As easy as it is to be mobile today, so much the more difficult it is to find or establish a new home. This could well be the reason why the Swiss travel the world like no one else. You can find them in the farthest corner of the globe, on the remotest island, or in the loneliest desert.

The Swiss have also become more mobile at home than one might at first imagine. They putter about constantly, building on to their paradise. There is hardly any open land in our country that is not at least fenced and signposted. On every hilltop or rising footpath there's a bench, in every forest clearing there's a stone fireplace and on every mountaintop a stone pyramid.

"There was a man who for years spent three hours every day after work, going up a mountain in all sorts of weather, carrying a large stone each time", Peter Bichsel once related at a poetry reading in Frankfurt 1997. "After many years he built a large pyramid. He didn't talk about it and didn't want to."

Pyramids like this are being made all over the country, bustling activity is going on everywhere, ceaseless motion, whose meaning is becoming ever harder to fathom. Thousands of people work out feverishly in fitness studios on machines whose sole purpose is to train strength. Once burdens were carried, now dumbbells are pumped; once paths were walked on, now rotating belts are jogged on. A rowboat has become a rowing machine. Our motions are coming increas-

immer weniger einsichtig ist. Tausende trainieren in Fitnessstudios auf Maschinen, deren einziger Zweck es ist, Kraft zu vernichten. Wo früher Lasten getragen wurden, werden heute Hanteln gestemmt, wo früher Wege gegangen wurden, rotieren heute Laufbänder. Das Ruderboot ist der Rudermaschine gewichen. Unsere Bewegungen gleichen immer mehr dem unruhigen Gang des neurotischen Eisbärs im Zoo, der sich sein Futter nicht mehr selbst jagen muss, sondern durch eine Klappe in sein Gefängnis gereicht bekommt.

Sportler als Helden

Immer gleichförmiger werden unsere Bewegungen, immer mechanischer. In Zügen und Autos fahren unzählige Pendler jeden Tag Dutzende von Kilometern und bewegen sich dabei doch weniger als ihre Grosseltern, die die zwei oder drei Kilometer zur Fabrik noch zu Fuss oder mit dem Fahrrad zurücklegten. Der Bäcker, der mit seiner Knetmaschine heute Teig für tausend Brote verarbeitet, knetete früher den Teig für fünfzig oder hundert Brote mit seinen eigenen Händen. Der Schreiner, der früher ein Brett hobelte, schiebt heute in derselben Zeit zwanzig in die Hobelmaschine. Immer mehr Bewegungen delegieren wir an Maschinen. Ob Schreiner oder Bäcker, die Handgriffe sind sich immer ähnlicher: beide drücken auf Knöpfe.

Je weniger wir uns bewegen müssen, um unsere täglichen Bedürfnisse zu befriedigen, desto mehr wollen wir uns in unserer Freizeit bewegen. Wer täglich mit dem Fahrrad zehn Kilometer ins Geschäft fährt, hat am Abend kaum das Bedürfnis, im Renndress Runden zu drehen. Wer den ganzen Tag Getränkeharasse verlädt, wird am Abend kaum im Kraftraum Hanteln stemmen. Aus einem Reichtum an Handwerken ist ein Reichtum an Sportarten geworden. Der Bäcker unterscheidet sich vom Schreiner nicht mehr durch seine Arbeit, sondern dadurch, dass er statt Tennis Eishockey spielt. Aber wir bewegen uns anders im Sport als im Beruf. Während der gute Handwerker sich durch Genauigkeit und Sorgfalt auszeichnet, braucht der gute Sportler vor allem Kraft und Geschwindigkeit. Das

aujourd'hui des haltères; où l'on marchait sur les chemins, on fait des kilomètres sur place au moyen de rubans transporteurs. Le canot à rames a cédé sa place à la machine à ramer. Nos mouvements ressemblent de plus en plus au va-et-vient inquiet de l'ours blanc névrotique qui n'a plus besoin de chasser lui-même sa nourriture, mais la reçoit à travers un battant dans sa prison.

Les sportifs sont les héros

Nos mouvements deviennent de plus en plus uniformes, de plus en plus mécaniques. Dans les trains et les autos, d'innombrables «pendulaires» parcourent des douzaines de kilomètres chaque jour et bougent pourtant moins que leurs grands-parents qui faisaient encore à pied ou à vélo les deux ou trois kilomètres menant à l'usine. Le boulanger qui malaxe aujourd'hui la pâte pour un millier de pains dans sa machine à pétrir, travaillait de ses propres mains la pâte pour cinquante ou cent miches. Le menuisier qui rabotait une planche jadis ne prend pas plus de temps pour en pousser vingt dans sa machine à raboter. Nous déléguons de plus en plus de mouvements à la machine. Que l'on soit menuisier ou boulanger, les gestes deviennent de plus en plus semblables: les deux pressent des boutons.

Moins nous devons bouger pour satisfaire nos besoins, plus nous désirons bouger durant nos loisirs. Celui qui fait quotidiennement dix kilomètres à vélo pour se rendre à son travail n'éprouve guère le besoin de faire des tours de piste en costume de course le soir. Celui qui charge tout le long du jour des harasses de boissons ne soulèvera guère des haltères le soir. La variété des métiers est devenue une variété de sports. Le boulanger ne se différencie plus du menuisier par son travail, mais par le fait qu'il joue du tennis au lieu de faire du hockey sur glace. Nous bougeons toutefois d'une autre manière dans les sports que dans nos professions. Alors que le bon artisan se distingue par la précision et le soin apportés au travail, le bon sportif doit avant tout déployer de la force et de la vitesse. L'artisanat, et non seulement l'artisanat d'art, devient un art quand il est parfaitement exécuté. Le sport,

ingly to resemble the restless movements of the neurotic polar bear in the zoo; it no longer has to go and hunt for its food, which is passed in through an opening in its cage, so it doesn't know what to do with itself.

Athletes, our heroes

Our movements are becoming more and more stereotyped and ever more mechanical. Countless commuters in trains and cars travel dozens of kilometres every day but actually engage in much less movement than their grandparents, who walked or rode the bicycle two or three kilometres every day to their factory and back. The baker who now processes dough for a thousand loaves of bread with his kneading machine formerly kneaded fifty or a hundred loaves with his own hands. The cabinet-maker who once planed a bedframe by hand now planes twenty in the same amount of time using an electric planer. We are delegating an increasing number of movements to machines. Whether it's the cabinet-maker or the baker, their hand motions are becoming ever more similar: both press a button.

The fewer motions we have to perform in order to satisfy our everyday needs, the more we feel the need to move in our leisure time. On the other hand, anyone who rides a bicycle ten kilometres every day to work and back, hardly needs to cycle around a track in cycling togs in the evening. A deliveryman who must heave around full bottle crates the whole day certainly doesn't need to spend the evening pumping dumbbells in a gym. A wealth of handicraft trades has turned into a wealth of types of sport. Today a baker is no longer differentiated from a cabinet-maker by his work but by the fact that he plays ice hockey instead of tennis. However, we move differently when we play a sport than when we exercise a trade. While a good tradesman is distinguished by precision and care, the good athlete needs strength and speed more than anything else. Any skilled work, and not only handicraft, becomes art when it is perfect. The time spent on sport, however, results in nothing else but movement.

Even in our modern society, where mental strength has long since proved to be

Handwerk, nicht nur das Kunsthandwerk, wird in seiner Vollendung zur Kunst. Der Sport hingegen weist zurück in eine Zeit, in der nur Bewegung war.

Selbst in unserer modernen Gesellschaft, in der die Kraft des Geistes sich jener des Körpers längst als überlegen erwiesen hat, huldigen wir insgeheim der Körperkraft. Bewegt wird die Gesellschaft durch grosse Geister, zumindest durch Geistesarbeiter, zu ihren Helden macht sie sich nach wie vor Sportler, die eine Hundertstelsekunde weniger brauchen, um eine willkürlich festgelegte Strecke zurückzulegen, die einen Zentimeter höher springen als ihre Konkurrenten.

Nach jedem Sporttag wurden in meiner Schule die Sieger der Wettkämpfe am Anschlagbrett aufgelistet. Als ich vorschlug, die Namen jener aufzulisten, die in der Mathematik- oder der Französischprüfung die besten Noten gemacht hatten, stiess ich auf Unverständnis. Selbst in den höheren Bildungsstätten haben sportliche Erfolge einen grösseren Stellenwert als intellektuelle. Ein letzter Tribut an eine Fähigkeit, die sich im Alltag längst als unnütz erwiesen hat.

Die gescheiterte Revolution

Wo keine Bewegung ist, ist kein Leben. Aber nicht überall, wo Bewegung ist, ist Leben. Tot schien die Schweiz vielen Jugendlichen in den Achtzigerjahren, erstarrt in ihrer ganzen Emsigkeit und Hyperaktivität. «Weg mit dem Packeis», forderten sie deshalb. Packeis, das stand für Kälte, für Erstarrung, dafür, dass sich in diesem Land nichts bewegte, nichts zu bewegen schien. Oft wurde der Jugendbewegung damals vorgeworfen, sie sei nichts als ungerichtete Bewegung, sie wisse selbst nicht, wohin sie wolle. Die Kritiker verlangten von den Jugendlichen Ziele, Visionen einer anderen Gesellschaftsordnung, und verstanden nicht, dass es den Demonstrierenden nie darum gegangen war, ein schlechtes durch ein besseres System zu ersetzen. Sie wollten sich bewegen, und sie wollten, dass die Gesellschaft sich mit ihnen oder wenigstens gegen sie bewege. Sie wollten «heisse Sommer», Reibungswärme.

Die Kosten für all die zerbrochenen Schaufenster schmerzten. Aber wenn man

par contre, remonte à une époque où seul le mouvement existait.

Même dans notre société moderne dans laquelle la force de l'esprit s'est avérée supérieure depuis longtemps, nous rendons hommage en secret à la force corporelle. Ce sont les grands esprits, ou du moins les travailleurs intellectuels, qui font bouger notre société, mais les héros que celle-ci se fait sont toujours des sportifs auxquels il faut un centième de seconde de moins pour couvrir un parcours arbitrairement fixé, qui sautent un centimètre plus haut que leurs concurrents.

Dans mon école on placardait, après chaque journée de sport, les listes des vainqueurs des compétitions. Quand je fis la proposition d'afficher les noms de ceux qui avaient obtenu les meilleures notes dans les épreuves de mathématiques ou de français, on ne voulut pas me comprendre. Même dans les établissements d'enseignement supérieur, on accorde plus d'importance aux succès sportifs qu'aux succès intellectuels, ultime tribut à une capacité qui, depuis longtemps, s'est avérée inutile dans la vie quotidienne.

L'échec de la révolution

Où il n'y a pas de mouvement, il n'y a pas de vie. Mais la vie n'est pas partout où il y a du mouvement. Elle parut morte, la Suisse, aux yeux de nombreux jeunes dans les années 80, figée en dépit de son zèle et de son hyperactivité. «A bas la banquise!» réclamaient-ils. La banquise, c'était le froid, l'engourdissement, le fait que rien ne bougeait dans le pays, que rien ne semblait bouger. On a souvent reproché au mouvement contestataire des jeunes d'alors de n'être qu'un mouvement sans orientation, de ne pas savoir lui-même ce qu'il voulait. Les critiques exigèrent des jeunes des objectifs, des visions d'un autre ordre social, et ne comprirent pas que les manifestants n'avaient jamais eu à cœur de remplacer un mauvais système par un système meilleur. Ils voulaient bouger, ils voulaient que la société bouge avec eux ou du moins contre eux. Ils voulaient des «étés chauds», de la chaleur par frottement.

Les coûts de toutes les vitrines brisées furent douloureux. Mais si l'on calcule le

superior to that of the body, we secretly revere physical strength. Even though society may be moved by great minds, or at least by intellectuals, our heroes are still the star athletes, those who can cover a distance in a hundredth of a second less or can jump a centimetre higher than their competitors.

In my school, after every games day the names of the winners were posted on the bulletin board. When I suggested that the names of those who received the best marks in the maths or French exams might also be listed, nobody could understand why. Even in higher institutions of learning, sports successes have a higher ranking than the intellectual kind. Perhaps it's a final tribute to an ability that has long since proved useless in everyday life.

The unsuccessful revolution

Where there's no movement, there's no life. But not everywhere is there life where there's movement. Switzerland seemed dead to many young people in the 1980s, frozen in its bustling hyperactivity. "Away with the pack-ice", was the rallying cry. "Pack-ice" stood for coldness, rigidity; for everything in this country that was motionless and seemed to be setting nothing else in motion. The youth movement in those days was often accused of being nothing but an aimless movement that didn't know what it wanted. The critics demanded these young people to come up with goals, visions of an alternative social order. They didn't understand that it was never the purpose of the demonstrators to replace a bad system with a better one. They just wanted to be in movement; they wanted society to move with them or even at least to move against them, but to move. They wanted "hot summers", frictional heat.

The cost of replacing all the broken show windows after the youth riots was painful. But when one calculates the damage done by the demonstrators on a per capita basis, a visit to the opera was actually more expensive from the standpoint of the overall economy than participation in a demonstration. The heavy-handed reaction of the authorities cannot be explained by the costs alone. They felt the supposed anarchic impulse of the

den Schaden berechnet, den die Demonstrantinnen und Demonstranten pro Kopf verursachten, so war ein Opernbesuch für die Volkswirtschaft wohl noch immer teurer als die Teilnahme an einer Demonstration. Mit den Kosten allein lässt sich die heftige Reaktion der Regierung nicht erklären. Viel schmerzhafter als der entstandene Schaden, ja geradezu staatsbedrohend, war der anarchistische Bewegungsdrang der Jugend.

Die Jugendbewegung ist irgendwann eingeschlafen. Im neuen Jahrtausend bewegt man sich an Street-Parades und in Trendsporthallen. Die Wirtschaft hat inzwischen gelernt, die bewegten Jugendlichen nicht mehr zu fürchten, sie im Gegenteil zu bewegten Konsumenten zu machen. In den Schaufenstern, die während der Unruhen in die Brüche gingen, stehen heute die Produkte, die Bewegung zum Erlebnis machen sollen. Skateboarden und Snowboarden, Bungeejumping, Inlineskating, Freeclimbing, Carving. Jedes Jahr tauchen neue Sportarten auf, Bewegungsmöglichkeiten für Jugendliche, die sich in der Knabenriege und im Schwingclub nicht mehr zu Hause fühlen und im Grunde doch nichts anderes wollen, als schon ihre Eltern einst wollten und ihre Grosseltern: das Leben geniessen, solange es eben geht. Sich in den wenigen freien Stunden vergnügen, die neben Schule oder Lehre bleiben. Die Revolution ist irgendwo zwischen Halfpipe und Buckelpiste stecken geblieben. Der Grossteil der Jugendlichen hat sich von der Politik abgewandt, hat sich ihr ergeben.

«Nur weg von hier!»

Alle Staaten dieser Erde fürchten zu viel Bewegung, ungerichtete, unberechenbare Bewegung. Alle Staaten wollen Bürgerinnen und Bürger, die dasselbe oder mindestens in denselben Bahnen denken, die sich gleich oder mindestens in den gleichen Bahnen bewegen. Und nicht nur die Staaten, auch wir selbst fürchten nichts mehr, als anders zu sein.

Statt in uns selbst, statt in die Tiefe zu schauen, schauen wir in die Weite. Aus der Entfernung aber wirken alle Menschen recht ähnlich. Alle Japaner, sagen wir dann etwa,

montant des dégâts causés par tête de manifestants, on trouvera qu'un spectateur à l'Opéra coûte sans doute davantage à l'économie nationale que la participation d'un citoyen à une manifestation. Ces coûts n'expliquent d'ailleurs pas à eux seuls la réaction violente du gouvernement. C'est le besoin de mouvement anarchique de la jeunesse, qui fut bien plus douloureux, voire franchement menaçant pour l'Etat, que les dégâts occasionnés par ce mouvement.

Le mouvement de la jeunesse s'est perdu on ne sait quand. Après le tournant de millénaire, on bouge dans les street-parades ou les stades dans le vent. Le monde économique a appris entre-temps à ne plus craindre les jeunes avides de se défouler, mais à en faire, au contraire, des consommateurs avides de mouvement. Dans les vitrines qui avaient volé en éclats durant les troubles des années 80, sont exposés aujourd'hui les produits destinés à faire du mouvement une aventure. Planche à roulettes, monoski, saut à l'élastique, patinage inline, escalade libre, carving, chaque année de nouveaux genres de sport apparaissent. Ils proposent du mouvement aux jeunes qui ne se sentent plus à leur place dans la section de gym des garçons et le club des lutteurs au caleçon et qui, somme toute, ne veulent pas autre chose que ce que voulaient jadis leur parents et leurs grands-parents: jouir de la vie tant que cela est possible, avoir du plaisir durant les quelques heures de loisir qui leur restent à côté de l'école ou de l'apprentissage. La révolution est restée coincée quelque part entre halfpipe et piste à bosses. La majeure partie des jeunes s'est détournée de la politique, a rendu les armes.

«Partir d'ici, rien de plus!»

Tous les Etats de ce monde redoutent l'excès de mouvement, de mouvement incontrôlé, imprévisible. Tous les Etats veulent des citoyennes et des citoyens qui pensent la même chose ou pensent du moins dans le cadre des mêmes voies, qui se meuvent de la même façon ou se meuvent du moins approximativement dans les mêmes directions. Et non seulement les Etats: ce que nous craignons le plus, c'est d'être «différents».

young people to be much more painful, in fact downright threatening to the state.

Somewhere along the line the youth movement has since fallen asleep. After the turn of the millenium people are moving only in the Street Parades and in trendy gyms. The economy has since learned no longer to fear young people in movement but instead to make them into consumers in motion. The show windows that were smashed in the riots of the 1980s now contain products to make movement an experience.

Skate and snowboarding, bungee jumping, inline skating, free climbing, carving: new sports are appearing every year, possibilities of moving for young people who are no longer at home in gym teams or traditional "Schwinger" wrestling clubs. They basically don't want anything else than what their parents and grandparents once wanted: to enjoy life as long as they can, to enjoy themselves during the few hours of free time left over from school or their apprenticeship. The revolution has somehow got stuck between the halfpipe and the camel's hump-slope. The majority of young people have drifted away from politics; they've capitulated to it.

"I'm out of here!"

All countries in the world fear too much movement of the aimless, unpredictable kind. National governments have an interest in having their citizens think the same thoughts or along the same lines. And not only nations but we ourselves also fear nothing more greatly than appearing to be different.

Instead of looking within ourselves, into the depths, we look into the distance. From afar, however, people seem pretty much the same. "All Japanese look alike." Distance makes differences disappear. On the other hand, the more similar people seem to us, the more we fear not fitting into this world of little, far-away people and the less we have the courage to live according to our own ideas. It is not someone else who makes us into the proverbial cog in the machine, it is we ourselves who do. We do this by assimilating, no longer daring to think or be what

sehen gleich aus. Die Unterschiede verschwinden durch die Distanz. Je gleichartiger die Menschen uns aber zu sein scheinen, desto grösser ist unsere Angst, nicht in diese Welt der kleinen, weit entfernten Menschen zu passen, desto geringer unser Mut, nach unseren eigenen Vorstellungen zu leben. Zum berühmten Rädchen im Uhrwerk werden wir nicht gemacht, sondern machen wir uns selbst. Indem wir uns angleichen, nicht mehr zu denken oder zu sein wagen, was nicht konform, nicht modern, nicht im Trend ist. Wir fühlen uns wie der kleine, bunte Punkt unter Tausenden von anderen Punkten auf einer Luftaufnahme, gefangen in einem Strom, dessen Bewegung wir zwar mitbestimmen, den zu verlassen uns jedoch unmöglich scheint.

Aber der Eindruck täuscht. Was aus der Vogelperspektive wie eine einzelne, gewaltige Bewegung aussieht – die Techno-Parade, der Langlaufmarathon, das Leichtathletik-Meeting –, ist Einheit immer nur aus der Entfernung. Jederzeit kann ein Zuschauer ausscheren, kann ein Langläufer die vorgespurte Bahn verlassen, ein Raver stillstehen. Selbst die homogenste Menschenmasse setzt sich aus Individuen zusammen, die einen eigenen Willen haben, eigene Erinnerungen, eigene Gefühle. Und die jederzeit die Möglichkeit haben – wie der Stein in der Felswand –, sich von der Masse zu lösen und ihrem Schicksal folgend hinunterzustürzen, ins Ungewisse.

«Wohin reitest du, Herr?», fragt der Diener seinen Herrn in Kafkas Geschichte «Der Aufbruch», und dieser antwortet: «Ich weiss es nicht, nur weg von hier, nur weg von hier. Immerfort weg von hier, nur so kann ich mein Ziel erreichen.» – «Du kennst also dein Ziel?», fragt der Diener. «Ja», antwortet der Herr, «ich sagte es doch: ‹Weg-von-hier›, das ist mein Ziel.»

Au lieu de tourner notre regard à l'intérieur de nous-mêmes, en profondeur, nous le tournons vers le lointain. Or, à distance, tous les êtres humains paraissent fort semblables. «Tous les Japonais se ressemblent», trouvons-nous alors, par exemple. La distance efface les différences. Mais plus les humains nous semblent pareils, plus nous craignons de ne pas cadrer avec le monde de ces petits humains si lointains, et moins nous aurons le courage de vivre selon nos propres conceptions. Ce fameux petit rouage dans le mouvement d'une montre, nous ne le sommes pas sous l'effet de forces externes, nous le devenons par nous-mêmes: en nous adaptant, en n'osant plus penser ou ne plus être ce qui n'est pas conforme, pas moderne, pas dans le vent. Nous avons l'impression d'être comme le petit point en couleurs parmi des milliers d'autres points sur une photographie aérienne, prisonniers d'un courant dont nous déterminons bien le mouvement, mais dont il nous paraît impossible de sortir.

Et pourtant, l'impression est trompeuse. Ce qui, à vol d'oiseau, ressemble à un seul et gigantesque mouvement – la parade techno, le marathon de ski de fond, le meeting d'athlétisme – n'est un tout que s'il est vu à distance. A n'importe quel moment, un spectateur peut sortir de la file, un skieur de fond peut quitter la piste tracée, un *raver* peut s'arrêter. Même la masse humaine la plus homogène est composée d'individus dotés d'une propre volonté, de propres souvenirs, de propres sentiments. Et ces individus ont à tout moment la possibilité de se détacher de la masse – comme la pierre dans une paroi rocheuse – et, cédant à leur fatalité, de tomber vers une destination incertaine.

«Où vas-tu ainsi à cheval, maître?» demande le serviteur à son maître dans le récit de Franz Kafka intitulé *Der Aufbruch,* et le maître répond: «Je ne le sais pas, partir d'ici, rien de plus. Toujours partir d'ici, rien de plus, c'est ainsi seulement que je puis parvenir à ma destination.» – «Tu connais donc ta destination?» demande le serviteur. «Oui, répond le maître, je viens de le dire: ‹Partir-d'ici›, c'est là ma destination.»

is not conformable, not modern, or not with the trend. We feel like a tiny coloured dot among thousands of others in an aerial photograph, caught up in the stream whose movement we may be contributing to, but cannot get out of, or at least it seems that way.

And yet: impressions are deceptive. What from the air seems like a single, powerful movement – be it a techno-parade, a marathon race or a track meet – the unity is merely illusory, one seen as such only from a distance. At any time down there a spectator can be swerving out of the crowd, a runner leaving the beaten path or a raver ceasing to go on moving. Even the most homogenous crowd is composed of individuals, all of whom have a will of their own as well as their own memories and feelings. And at all times they can – like those stones on the mountainside – suddenly detach themselves from the mass and follow their own destiny down, down to the unknown.

"Where will you be riding to, sir?" the servant asked his master in Kafka's story "Der Aufbruch" (The Departure). And the master answered: "I don't know, I'm out of here, I just want to go. Always going, that's the only way I can reach my destination." – "Do you know your destination?" asked the servant. "Yes", answered the master, "I just said it: 'going' is my destination."

Das wohl auffälligste Monument der 6. Schweizerischen Landesausstellung Expo.02 vom 15. Mai bis zum 20. Oktober 2002: der von Jean Nouvel entworfene Monolith der Arteplage Murten. Der 34 m Seitenlänge aufweisende mächtige Kubus im Murtensee war durch eine Überfahrt mit dem Boot erreichbar.

Le monument le plus imposant de la 6e exposition nationale suisse, l'expo.02 du 15 mai au 20 octobre 2002: le Monolithe de l'Arteplage de Morat, conçu par Jean Nouvel. Un passage en bateau permettait aux visiteurs d'atteindre cet immense cube de 34 m de côté qui flottait dans le lac de Morat.

The most striking monument of the Expo.02, the 6th Swiss national exposition held from 15 May to 20 October 2002, was the Monolith, designed by the architect Jean Nouvel for the Arteplage of Murten, one of the four sites of Expo.02. The awesome cube, 34 m along each edge, floated out in the lake and was reached by a boat.

Die als ein «Park der Sinne» konzipierte Arteplage Yverdon-les-Bains der Expo.02 zog mit ihrer Wasserwolke besonders viele Besucher an. Rund 110 m vom Ufer entfernt zerstäubten über 31 000 Düsen das Seewasser zu feinsten Wassertröpfchen und erzeugten dadurch eine Architektur aus Dunst und Nebel.

L'Arteplage d'Yverdon-les-Bains de l'expo.02, conçue sous forme de «parc des sens» attirait un grand nombre de visiteurs, surtout grâce à son nuage artificiel. Plus de 31 000 buses disposées à 110 m de la rive pulvérisaient l'eau du lac et les minuscules gouttelettes d'eau créaient une architecture de brume et de brouillard.

The Expo.02 Arteplage at Yverdon-les Bains was designed as a "Park of the Senses" and attracted an especially great number of visitors with its cloud of water mist. Approximately 31,000 nozzles located about 110 m off the lake shore converted the water into tiny droplets of water, creating an architecture of fog and mist.

Auf der Arteplage Biel der Expo.02 ragte das Ausstellungsgelände als überdachte Plattform in den See und führte zu einem Platz mit drei Türmen, die nachts als Lichtskulpturen erhellt waren. Die bogenförmige Brücke ermöglichte den Besuchern, den mittleren Klangturm aus unterschiedlichen Hörwinkeln zu erleben.

L'Arteplage de Bienne de l'expo.02: L'emplacement de l'exposition se trouvait au-dessus de la surface du lac, sur une plate-forme surmontée d'une toiture et aboutissant à une place avec trois tours illuminées la nuit, des sculptures lumineuses. Le pont arqué permettait aux visiteurs d'écouter sous des angles différents les sons de la tour au milieu.

At the Expo.02 Arteplage of Biel the exhibition area extended out into the lake as a covered platform leading to a square with three towers which at night were illuminated as sculptured light. The arched bridges enabled the visitors to listen to the tower of sounds (in the middle) from various angles.

Die Arteplage Neuenburg bestand neben dem Expopark aus einer Plattform im See, deren Ausstellungspavillons durch drei luftgefüllte «Galets» vor Regen und Sonne geschützt waren. Das Thema «Natur und Künstlichkeit» nahmen auch die künstlichen Schilfrohre auf, die Solarzellen trugen und sich nachts in ein Lichtermeer verwandelten.

L'Arteplage de Neuchâtel était composée de l'Expoparc et d'une plate-forme au-dessus du lac avec des pavillons d'exposition protégés contre la pluie et le soleil par les trois Galets. Le thème «Nature et Artifice» se retrouvait également dans les roseaux artificiels garnis de cellules solaires qui, la nuit venue, se transformaient en mer de lumière.

Along with the Expo park, the Arteplage of Neuchâtel consisted of a platform in the lake whose exhibition pavilions were protected from the sun and rain by three air-filled "galets" (covered galleries). The theme "Nature and Artificiality" also included artificial reeds carrying solar cells; at night they were transformed into a sea of light.

◁ Sommervergnügen am Caumasee bei Flims (GR) auf knapp 1000 m. Er liegt in einer Mulde im Ablagerungsgebiet des grossen Flimser Bergsturzes, der am Ende der letzten Eiszeit das untere Vorderrheintal verschüttete, und besitzt weder einen oberirdischen Zu- noch einen solchen Abfluss.

◁ Plaisirs d'été au bord du lac de Cauma près de Flims (GR) à un peu moins de 1000 m d'altitude. Ce lac est blotti dans une dépression dans la zone de réception du grand éboulement de Flims, qui ensevelit la basse vallée du Rhin antérieur à la fin de la dernière glaciation. Il n'a ni affluent ni effluent à la surface du sol.

◁ At an altitude of 1,000 m (3,280 ft) the Caumasee lake near Flims (GR) is a popular summer recreation spot. It lies in a trough in the sediment deposited by a gigantic landslide which buried the Vorderrhein valley (one of the branches of the upper Rhine) at the end of the last Ice Age. The lake has no inlet or outlet on the surface of the ground.

Auf einem Nagelfluhfels nahe bei Meggenhorn (LU) steht das Heiligenhäuschen St. Niklaus, welches 1433 erstmals erwähnt wird. Durch ein grosses Fenster (wegen der Bauarbeiten verdeckt) erblicken die vorbeifahrenden Schiffer eine Statue des heiligen Niklaus von Myra, des Patrons der Seefahrer, aus dem 14. Jahrhundert.

Sur un rocher de nagelfluh (conglomérat rocheux aussi appelé poudingue) près de Meggenhorn (LU) se trouve la maisonnette sacrée de St. Niklaus (saint Nicolas), mentionnée pour la première fois en 1433. A travers une grande fenêtre (masquée ici en raison de travaux), les bateliers qui passent aperçoivent une statue de saint Nicolas de Myre, patron des marins, statue datant du XIVe siècle.

Atop a rocky promontory jutting out of the Lake of Lucerne near Meggenhorn (LU) stands the holy house of St. Nicholas, first mentioned in 1433. Through a large window (here covered during construction work), passing boatriders can see a 14th century statue of St. Nicholas of Myra, the patron saint of seafarers.

Fast wie ein Südsee-Atoll mutet die Kiesinsel am Ausfluss der Maggia in den Lago Maggiore bei Locarno (TI) im Sommer 1981 an. Der Fluss transportiert, besonders nach starken Niederschlägen, grosse Mengen von Geschiebe, welches sich am Ausfluss im See niedersetzt und immer wieder neue Inselchen bildet. Inzwischen hat sich die Vegetation, die auf dem Bild erst ansatzweise zu erkennen ist, etabliert: Die Insel trägt heute ein grünes Pflanzenkleid.

L'îlot de gravier à l'embouchure de la Maggia dans le lac Majeur près de Locarno (TI) ressemble presque, en été 1981, à un atoll des mers chaudes. Ce cours d'eau entraîne, particulièrement après de fortes pluies, de grandes quantités de gravier, qui se déposent au confluent avec le lac et forment sans cesse de nouveaux îlots. Entre-temps, la végétation, qui apparaît encore à l'état naissant sur l'image, s'est établie là. L'îlot est aujourd'hui tapissé de vert.

The gravel island at the mouth of the River Maggia in the Lago Maggiore near Locarno (TI) looks like a south sea atoll in this picture, taken in the summer of 1981. Especially after heavy precipitation, the river transports huge amounts of small stones that become deposited in the lake, constantly forming new islets. In the meantime the vegetation here seen in rudimentary form has taken firm root, and the island today wears a green dress of plants.

◁ Am 16. August 1997 fand in Zürich die 6. «Street-Parade» statt, weltweit der zweitgrösste Techno-Anlass. Rund 400 000 Menschen wohnten dem Spektakel bei, ein grosser Teil von ihnen tanzte den «Love Mobils» nach, den Sattelschleppern, aus deren grossen Lautsprechern der Techno-Beat dröhnte.

◁ La 6e *Street-Parade* à Zurich eut lieu le 16 août 1997, second défilé techno par son ampleur à l'échelle mondiale. Quelque 400 000 personnes assistèrent à ce spectacle; une grande partie d'entre elles dansa derrière les *Love Mobils,* tracteurs de semi-remorque sur lesquels de grands haut-parleurs faisaient retentir la musique techno.

◁ In Zurich the Street Parade, supposedly the world's second largest techno-event, took place on 16 August 1997 for the 6th time. About 400,000 people participated, many of them dancing along with the "Love-Mobiles", huge trucks thundering out techno-beat sounds.

Ein schnelles Motorboot rauscht durch den Genfersee und zieht einen Mono-Wasserski-Fahrer über die Wellen – für die einen das ultimative Gefühl von Freiheit, für die anderen ein grenzenloses Ärgernis.

Un bateau à moteur rapide file en trombe sur le Léman en remorquant un amateur de monoski nautique au-dessus des vagues, opération qui engendre pour les uns une sensation de liberté illimitée, pour les autres une contrariété sans bornes.

A fast motorboat speeds along over the Lake of Geneva, towing a water monoskier over the waves; some call this the very essence of freedom, others an intolerable nuisance.

Auf dem Genfersee sind noch acht Belle-Époque-Dampfer aus den Jahren 1904 bis 1927 im Einsatz, darunter auch die 1913/14 erbaute «Savoie» (im Bild). Vier Einheiten sind allerdings in den Fünfziger- und Sechzigerjahren auf dieselelektrischen Betrieb umgerüstet worden.

Huit bateaux à vapeur de la Belle-Epoque des années 1904 à 1927 sont encore en circulation sur le Léman, dont le «Savoie» construit en 1914 (notre photo). Il est vrai que, dans les années 50 et 60, on en a adapté quatre au fonctionnement diesel électrique.

On the Lake of Geneva there are still eight Belle-Epoque steamboats built between 1904 and 1927 in service. One of them, the "Savoie" constructed in 1914, is shown here. Four of the boats, however, were converted to diesel electric power in the 1950s and 60s.

DANCING LIDO
RISTORANTE

◁ In Melide (TI) am Luganersee besteht seit 1959 der Park «Swissminiatur», in welchem wichtige Bauten der Schweiz im Kleinformat nachgebaut sind. Zu erkennen sind auf dieser Aufnahme von 1981 etwa das Bundeshaus (rechte Bildseite), davor der Burghügel von Aarberg und links von diesem der Flughafen Zürich.

◁ A Melide (TI) sur le lac de Lugano, le parc Swissminiatur héberge depuis 1959 un village miniature montrant d'importants bâtiments suisses en modèles réduits. Sur la photo de 1981, on distingue, entre autres, le Palais fédéral (côté droit de l'image), devant lui, la butte du château d'Aarberg et, à gauche de celle-ci, l'aéroport de Zurich.

◁ The "Swissminiatur" Park was laid out in 1959 at Melide (TI) on the Lake of Lugano. It comprises a number of important Swiss constructions in miniature, most of them copied on a scale of 1:25. Here the Swiss federal parliament can be seen in the centre right, in front of it the hill fortress of Aarberg and to its left the Zurich airport.

Auf der Terrasse des Restaurants «Wildä Maa» auf dem First im Skigebiet Hoch-Ybrig (SZ) geniessen Skifahrer am 16. Januar 1995 die wärmende Wintersonne. Ungeachtet aller gesamtwirtschaftlichen Entwicklungen ist Skifahren nach wie vor der beliebteste Wintersport.

Sur la terrasse du restaurant *Wildä Maa* dans le domaine skiable du Hoch-Ybrig (SZ), les skieurs jouissent des chauds rayons du soleil hivernal en ce 16 janvier 1995. En dépit de toutes les évolutions dans le domaine de l'économie, le ski est toujours le sport d'hiver le plus prisé.

Skiers are enjoying the warm sun on the terrace of the "Wildä Maa" restaurant atop the First in the Hoch-Ybrig (SZ) skiing area on 16 January 1995. Regardless of the economy's ups and downs, skiing is still the most popular winter sport.

Die Oberengadiner Seen sind seit den Achtzigerjahren ein beliebtes Ziel für Windsurfer aus ganz Europa geworden, denn dank dem klimatischen Phänomen des «Malojawindes», eines starken Talwindes, der bei schönem Wetter einsetzt, sind optimale Verhältnisse im Sommer beinahe garantiert.

Les lacs de la Haute-Engadine sont très appréciés par les véliplanchistes dans toute l'Europe. En effet, grâce au phénomène climatique du «vent de Maloja», vent de vallée soufflant fort, qui se lève par beau temps, des conditions optimales sont presque garanties en été.

The lakes of the Upper Engadine are a favourite destination for windsurfers from all over Europe, thanks to the climatic conditions of the Maloja wind, a strong valley breeze which sets in during good weather, ensuring optimum conditions for this sport in summer.

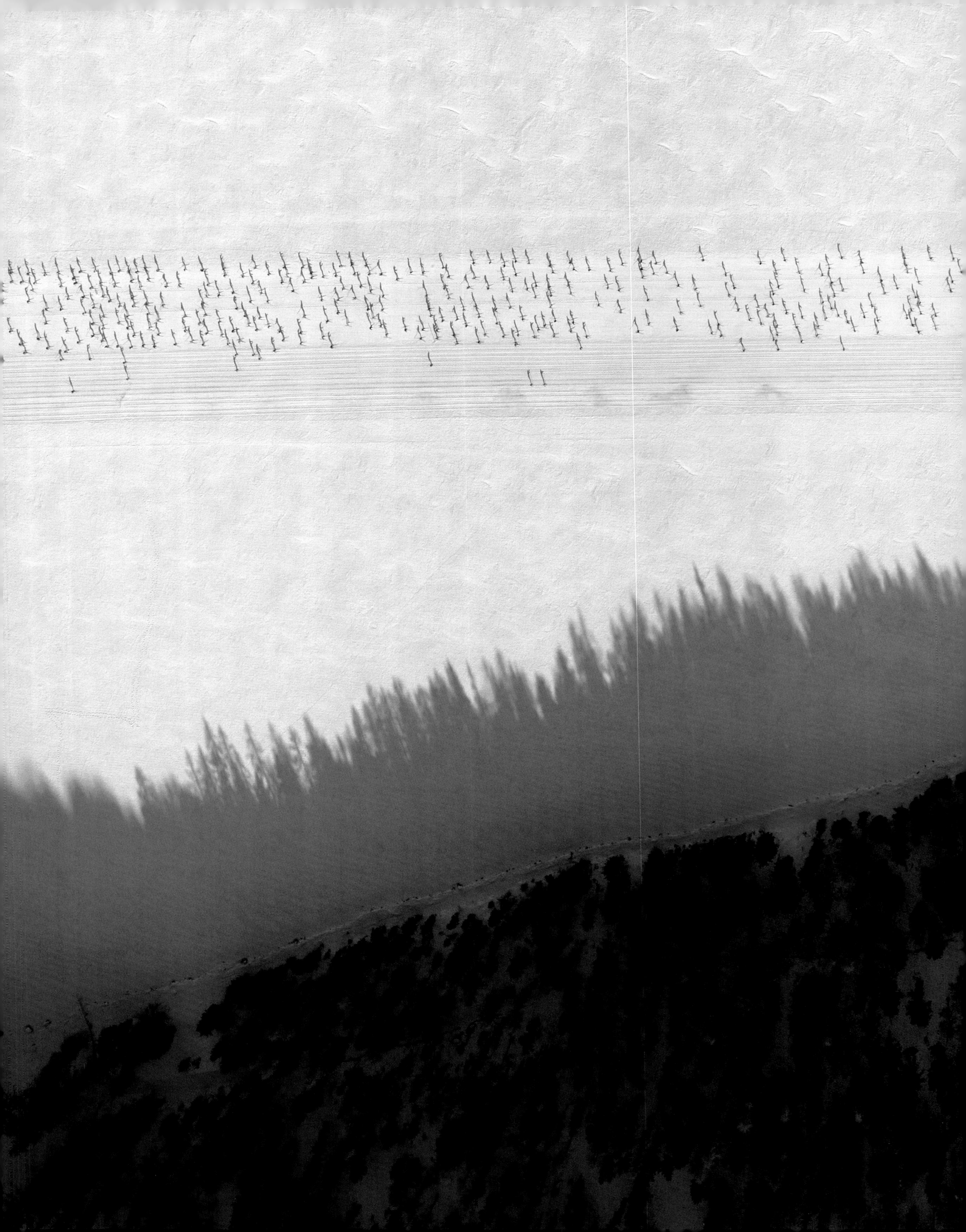

◁ Endlos ist der Strom der Langläufer beim Engadiner Skimarathon auf dem Silvaplanersee unterhalb Palüdetta; ihre langen Schatten erinnern an die fragilen Gestalten des Künstlers Alberto Giacometti. 13 930 Teilnehmer waren 1998 zu verzeichnen, als der «Engadiner» zum 30. Mal durchgeführt wurde.

◁ Il est sans fin, le flot des skieurs de fond qui projettent leurs longues ombres sur le lac de Silvaplana en contrebas de Palüdetta. En 1998, on a recensé 13 930 participants lors de la 30e édition de ce marathon engadinois.

◁ Here the endless stream of cross-country skiers in the Engadine ski marathon is seen on the frozen Silvaplana lake below Palüdetta, casting their long shadows – reminiscent of the spindly figures of an Alberto Giacometti sculpture – on the snow. In 1998 there were 13,930 participants in the 30th running of the marathon.

Auch fliegenderweise lässt sich die Schweizer Bergwelt erleben: Ein Heissluftballon taucht spielerisch in eine Spalte des Persgletschers, der im Berninagebiet der Bündner Alpen liegt. Das Ballonfahren ist in den letzten Jahren auch im Unterland zu einem beliebten Freizeitvergnügen geworden.

On peut aussi découvrir les montagnes suisses en les survolant: Une montgolfière plonge dans une crevasse du glacier de Pers dans le massif de la Bernina, dans les Alpes grisonnes. Ces dernières années, les excursions en ballon sont devenues très populaires, non seulement dans la région alpine.

The Swiss mountain world can also be experienced in flight. A hot-air balloon descends playfully into a crevasse of the Pers Glacier, in the Bernina Group of the Graubünden Alps. In recent years balloon flights have become a very popular leisure recreation also in low-lying districts.

Eine nostalgische Aufnahme aus der Zeit der Hochblüte der Swissair: Die Boeing 747-357 fliegt im Winter an den Südabstürzen des Matterhorns (4478 m) vorbei. Der mächtige Gipfel im Hintergrund ist das 4505 m hohe Weisshorn, das viele Bergsteiger wegen seiner drei harmonischen Grate als den schönsten Berg der Alpen bezeichnen.

Une photographie nostalgique datant de l'époque où Swissair se trouvait à son apogée: En hiver, un Boeing 747-357 passe devant le versant sud du mont Cervin (4478 m). A l'arrière-plan, on voit le sommet imposant du Weisshorn (4505 m), avec ses trois arêtes harmonieuses la plus belle montagne des Alpes – c'est du moins l'avis d'un grand nombre d'alpinistes.

A nostalgic photo from the heyday of Swissair: the Boeing 747-357 is flying past the southern flank of the Matterhorn (4478 m/14,687 ft) in winter. The mighty peak in the background is the Weisshorn 4505 m/14,776 ft). Because of its three harmonious ridges it is considered by many climbers to be the most beautiful of all the Alps.

◁ Kein Parkplatz bei einer Sportanlage ist hier abgebildet, sondern ein «Autofriedhof» auf einem einsamen Gehöft im Kanton Jura. Die Flugaufnahme ist mittlerweile 25 Jahre alt. Heute verbieten das Gewässerschutz- und das Umweltschutzgesetz solche «wilden» Deponien auf Landwirtschaftsgebiet.

◁ Ce n'est pas un parking près d'un terrain de sport, que l'on voit ici, mais un «cimetière d'automobiles» sur l'aire d'une ferme isolée dans le canton du Jura. Cette photographie aérienne date de 25 ans. Aujourd'hui les lois sur les mesures contre la pollution des eaux et sur la protection de l'environnement interdisent, à elles seules déjà, de telles décharges sauvages dans des zones agricoles.

◁ This is not a parking lot next to a sports area but an "auto graveyard" at an isolated farmstead in the Canton Jura. This aerial photo is now 25 years old. Today water and environmental protection laws prohibit unauthorized junkyards, such as this one, on arable land.

Der «Schweizer National-Circus der Gebrüder Knie» zieht seit 1919 jedes Jahr von Ende März bis Ende November durch die Schweiz; an gut 50 Orten schlägt er sein Zelt auf und gibt über 350 Vorstellungen. Am 4. August 1994 gastierte das Unternehmen auf der Allmend in Luzern (im Bild).

Depuis 1919, le *Cirque national suisse des frères Knie* sillonne chaque année la Suisse de fin mars à fin novembre. Il monte son chapiteau dans plus de 50 localités et donne plus de 350 représentations. En ce 4 août 1994, le cirque a planté ses tentes sur l'Allmend à Lucerne (notre image).

The "Knie Brothers Swiss National Circus" has toured Switzerland from the end of March to the end of November every year since 1919, setting up its great tent at about 50 sites and giving over 350 performances. Here on 4 August 1994 the circus was at the Allmend (common land) of Lucerne.

Wie eine Insel steht das Gehöft «Müli» in Altikon (ZH) in den Getreidefeldern in der Ebene des Thurtales. Schon aus den verschiedenen Dachstrukturen lässt sich ablesen, dass die aktuelle Anlage in mehreren Schritten über längere Zeit hinweg entstanden ist.

La ferme Müli à Altikon (ZH) apparaît comme une île au milieu des champs de céréales dans la plaine arrosée par la Thur. Les structures diverses des toits révèlent, à elles seules, que cette exploitation agricole a été constituée en plusieurs étapes, sur une période assez longue.

The farmstead "Müli" near Altikon (ZH) stands like an island in the midst of grain fields on the plain of the Thur valley. The different styles of roof construction indicate that the present form came about in many stages over a long period of time.

Im Mai 2003 eröffnete Erich von Däniken seinen Mystery-Park in Interlaken (BE), mit dem er «den Menschen das Staunen lehren» will. Der Erlebnispark, der im ersten Betriebsjahr bereits 336 325 Besucher verzeichnen konnte, spürt unerklärlichen und doch real fassbaren Welträtseln nach – wie den Pyramiden von Gizeh, den Menhirkolonnen der Bretagne oder den Wüstenzeichnungen von Nazca.

Erich von Däniken qui voudrait que «les gens apprennent à s'étonner», put inaugurer son Mystery Park à Interlaken (BE) en mai 2003. Dans son année d'ouverture, 336 325 personnes ont visité ce parc d'attraction cherchant à élucider les mystères de notre monde qui, quoique bien réels et visibles, restent en dehors de notre compréhension, tels que les pyramides de Gizeh, les alignements de menhirs en Bretagne ou les lignes tracées à même le désert de Nazca.

In May of 2003 Erich von Däniken opened his Mystery-Park in Interlaken (BE), in order "to teach man to be astonished". The experience park, which has attracted 336,325 visitors during its first year of operation, explores unexplained and yet tangible riddles of the world: the Pyramids of Gizeh, the menhirs (standing stones) of Brittany or the desert markings of Nazca.

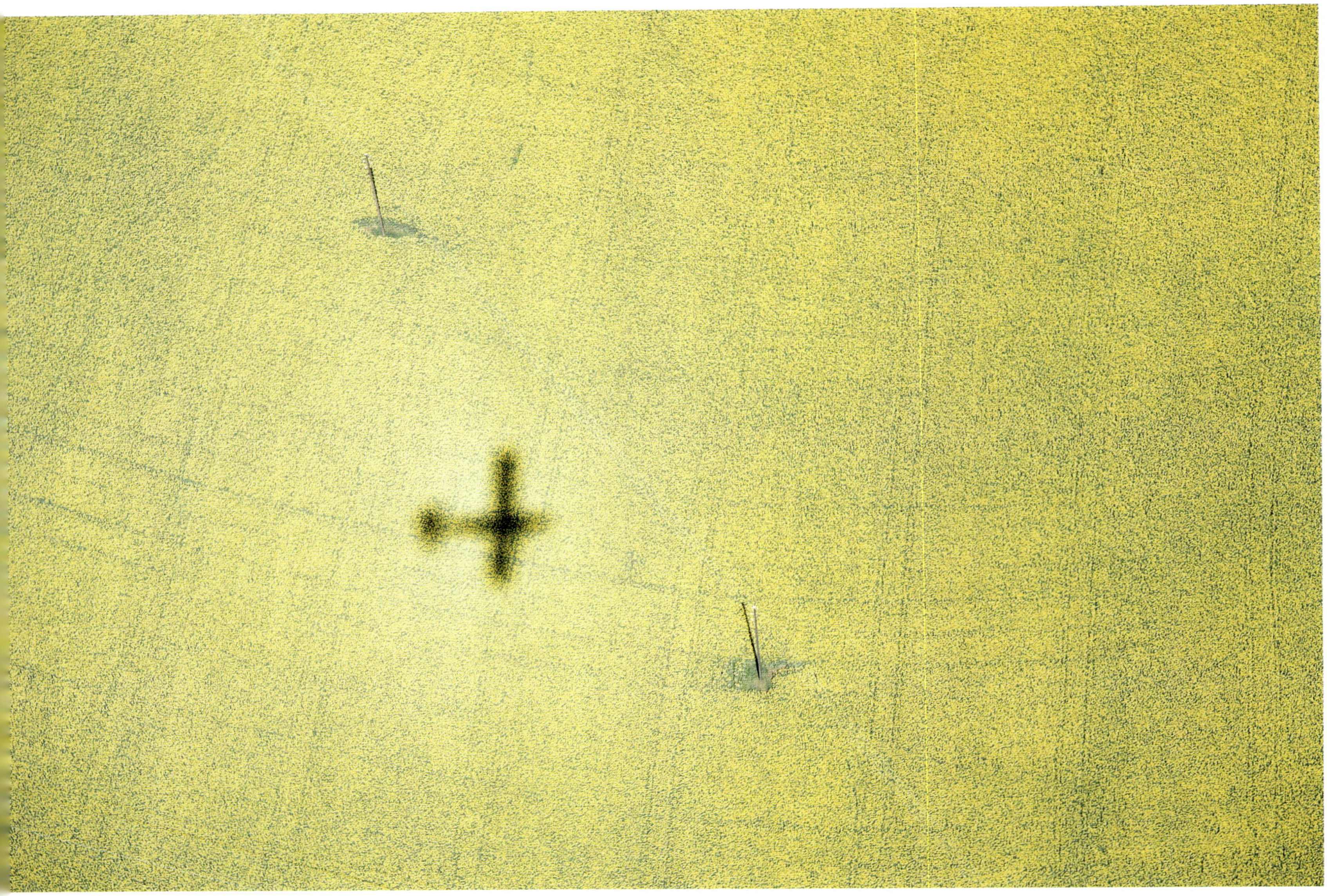

Das Fotoflugzeug wirft seinen Schatten auf ein Rapsfeld, das in voller Blüte steht. Im Jahr 1997 wurden in der Schweiz auf 16 200 ha Anbaufläche 50 000 t Rapssamen geerntet, knapp ein Zehntel davon als so genannter «Energieraps», der zu Treibstoff weiterverarbeitet wird, der Rest zur Gewinnung von Speiseöl.

L'avion dans lequel on photographie projette son ombre sur un champ de colza en pleine floraison. En 1997, on a récolté, en Suisse, 50 000 t de graines de colza sur 16 200 ha de terres. D'un peu moins d'un dixième de ces graines, on a extrait du colza dit «énergétique» utilisé comme carburant. Le reste a fourni de l'huile alimentaire.

The airplane from which this photo was made casts its shadow on a rapefield in full bloom. In Switzerland in 1997 a total of 50,000 t rapeseed was harvested from a cultivated area of 16,200 hectares (40,031 acres), about 10 percent of which was processed into biomass fuel and the rest for cooking oil.

1948 wurde der Flughafen Zürich im Klotener Ried als einfaches Barackendorf mit drei Pisten eröffnet. Seither hat eine Ausbauetappe die nächste gejagt. Die fünfte Bauetappe vergrösserte den Flughafenkopf um das Airside Center (der Silberflügel unterhalb der Bildmitte) und ergänzte als dritten Terminal das Dock Midfield (links unten).

En 1948, année de son inauguration, l'aéroport près de Kloten n'était qu'un simple baraquement avec trois pistes. Mais depuis, les étapes d'aménagements se sont succédées sans arrêt. La cinquième y ajouta l'Airside Center (l'aile argentée au-dessous du milieu de l'image) et le Dock Midfield (en bas, à gauche) comme troisième terminal.

In 1948 when the Zurich Airport near Kloten was opened, it consisted of only a few barracks and three runways. Ever since, one expansion phase has followed on the heels of another. The fifth construction phase now has enlarged the airport by an Airside Center (the silver wing below the centre of the picture) and added the Dock Midfield (below left) as the third terminal.

CONDITOREI CENTRAL
TEA ROOM

STOP

◁ Wilhelm Tell, dem Schweizer Nationalhelden, ist auf dem Dorfplatz von Altdorf (UR) schon seit dem 18. Jahrhundert ein Denkmal gewidmet. Das heutige Monument, eine Bronzestatue des Bildhauers Richard Kissling, geht auf einen Wettbewerb von 1891 zurück und wurde 1895 eingeweiht; es steht vor einem Turm, dessen Ursprünge ins Mittelalter zurückreichen.

◁ C'est à Guillaume Tell, héros national suisse, qu'est dédié, depuis le XVIIIe siècle, un monument sur la place du village d'Altdorf (UR). Le monument actuel, une statue en bronze due au sculpteur Richard Kissling, remonte à un concours ouvert en 1891 et fut inauguré en 1895.

◁ Wilhelm Tell, the legendary Swiss national hero, has been commemorated by an imposing monumental statue on the village square of Altdorf (UR) since the 18th century. The monument, a bronze statue by Richard Kissling, was first submitted in a competition in 1891 and dedicated in 1895.

Die Rütliwiese (UR) über dem Vierwaldstättersee ist einer der zentralen Orte der Schweizer Geschichte: Hier soll laut alter Überlieferung 1291 der «Rütlischwur» der drei Urkantone Uri, Schwyz und Unterwalden stattgefunden haben, welcher als Ursprung der Eidgenossenschaft verstanden wird.

La prairie du Grütli ou Rütli (UR) au-dessus du lac des Quatre-Cantons est l'un des lieux capitaux de l'histoire suisse. La tradition veut que les représentants des trois cantons primitifs Uri, Schwytz et Unterwald aient prononcé ici, en 1291, le *«Rütlischwur»*, serment considéré comme l'acte de fondation de la Confédération.

The Rütli meadow (UR) overlooking the Lake of Lucerne is one of the central places of Swiss history: here, according to tradition, the "Rütli oath" was taken in 1291 by the three original cantons of Uri, Schwyz and Unterwalden. This is regarded as the origin of the Swiss Confederation.

LANDSCHAFTEN, WÄLDER, FELDER, SEEN: DIE NATÜRLICHE SCHWEIZ
PAYSAGES, FORÊTS, CHAMPS, LACS: LA SUISSE NATURELLE
LANDSCAPES, FORESTS, FIELDS, LAKES: THE NATURAL SWITZERLAND

Peter Krebs

Kein schöner Land in dieser Zeit?

Wenn Schweizerinnen und Schweizer im Ausland unterwegs sind, bekommen sie oft ein höfliches Lob auf die landschaftlichen Reize ihrer Heimat serviert. «Oh yes, nice country», «bel paese», «muy bonito». Die Bewohner des Alpenlandes nehmen solche Freundlichkeiten normalerweise leicht geschmeichelt und widerspruchsfrei entgegen. Seit dem 18. Jahrhundert gehört es zum europäischen Kulturgut, dass die Schweiz ein besonders reizvolles und vielfältiges Land ist. Damals entdeckten Gelehrte und andere Angehörige der gehobenen Klassen die Alpen als Forschungsthema, als Reiseziel sowie als Projektionsfläche für Idealbilder und Träume.

Im Zuge dieser Entwicklung wurden die Gipfel und Hörner, die Täler, Wälder und Seen mit vielen Lorbeeren bedacht. Dichter und Denker aus Europa und Übersee haben die erhebenden Gegenden zwischen dem Rheinfall und der Teufelsbrücke besungen; die prachtvollen Szenerien von Sils-Maria bis an die Gestade des Genfersees dienten zahlreichen Künstlern als Vorlage für ihre Veduten, Prospecte und Idyllen. «Wenn nur nicht alles so unbegreiflich schön wäre», schrieb der Komponist Felix Mendelssohn Bartholdy 1831 in einem Brief, nachdem er auf dem Rigi einem Sonnenuntergang beigewohnt hatte.

Man nahm die Begeisterung von aussen im Innern bereitwillig auf und verwertete sie auch gleich kommerziell. Die Schweizer begannen die Sehenswürdigkeiten und Panoramen den Besucherinnen und Besuchern aus aller Welt vorzuführen. Ein deutscher Reisender, der Anfang des 19. Jahrhunderts im appenzellischen Gais eine Molkenkur absolvierte, mokierte sich über diesen Eifer:

Est-il un pays plus beau?

Quand les Suissesses et les Suisses sont en voyage à l'étranger, on leur fait souvent l'éloge poli des charmes qu'offrent les paysages de leur pays. *«Oh yes, nice country», «bel paese», «muy bonito»*. Généralement, les habitants du pays alpin, légèrement flattés, acceptent ces amabilités sans protester. Depuis le XVIIIe siècle, la constatation que la Suisse est un pays particulièrement pourvu d'attraits et de variété «figure» dans le patrimoine culturel européen. C'est à cette époque que des savants et d'autres membres de la haute société découvrirent les Alpes comme sujet de recherches, comme lieu de séjour touristique et comme récepteur pour la projection de rêves et d'images idéales.

Dans le sillage de cette évolution, on chanta les louanges des sommets et des aiguilles, des vallées, des forêts et des lacs. Les poètes et les écrivains d'Europe et d'Outremer célébrèrent les beautés des régions situées entre la chute du Rhin et le pont du Diable. Les splendides sites qui s'étendent de Sils-Maria jusqu'aux rives du Léman servirent de sujets à de nombreux artistes pour leurs «vues», leurs coups d'œil et leurs idylles. «Si seulement tout n'était pas aussi inconcevablement beau», écrivit le compositeur Felix Mendelssohn Bartholdy en 1831 dans une lettre, après avoir assisté à un coucher de soleil sur le Rigi.

A l'intérieur du pays, on accepta très volontiers les louanges venus de l'extérieur et on s'empressa de les exploiter pour le commerce. Les Suisses se mirent à montrer leurs paysages et panoramas aux visiteuses et visiteurs du monde entier. Un voyageur allemand qui, au début du XIXe siècle, faisait une cure de petit-lait à Gais en Appenzell, se gaussa de ce zèle: «Aucun prince allemand ne

"No country more beautiful" these days?

When the Swiss travel abroad, they often hear polite compliments about the scenic beauty of their country. "Oh yes, nice country", "bel paese", "muy bonito". They usually accept such remarks with a slight smile, and don't dispute them. Ever since the 18th century it has been a given fact of Europe's cultural heritage that Switzerland is an exceptionally delightful and scenically diversified country. In former times, scholars and other members of the upper classes discovered the Alps as subject for research and a travel destination as well as a projection area for their ideal visions and dreams.

In line with this development, the Alpine peaks and horns, valleys, forests and lakes were smothered with laurels. Poets and thinkers from all over Europe and beyond sang the praises of the sublime regions between the Rhine Falls and the Devil's Bridge; the magnificent vistas from Sils-Maria to the shores of the Lake of Geneva served many an artist as subjects for their paintings, "prospects" and idylls. "If only it all weren't so incomprehensibly beautiful", wrote Felix Mendelssohn Bartholdy in a letter written in 1831, after he had experienced a sunset on the Rigi.

Praise from without was readily received within by the Swiss, who soon also utilized it commercially. They began displaying their country's sights and panoramas to visitors from all over the world. A German traveller at the beginning of the 19th century who had duly completed a whey cure at Gais in Canton Appenzell, poked fun at their eagerness: "No German nobleman of former times could have been prouder of his puppets, no Frenchman more conceited about the immortal masterpieces of his poets than the Swiss are about their scenery."

«Kein deutscher Fürst konnte vormals stolzer auf seine militärischen Drahtpuppen, kein Franzose eingebildeter auf die unsterblichen Meisterwerke seiner Dichter sein, als es die Schweizer auf ihre Aussichten sind.»

Das schönste Land?

Am Bild von der schönen Schweiz wird auch heute weitergemalt. Mehr als einst sind dabei die wirtschaftlichen Interessen des Tourismus im Spiel, der zu einem der wichtigsten Erwerbszweige geworden ist. Werbeprospekte und Reisereportagen stellen das Land als Idylle dar, welche die Stürme der Zeit nahezu unbeschadet überstanden hat. Es ist die Rede von schmucken Dörfern, von der unberührten Natur, von sanften Hügeln und Tälern, die zum Wandern, von Flüssen und lächelnden Seen, die zum Bade laden, wie es schon zu Schillers Zeiten der Vierwaldstättersee getan hat. Wie die Stiefmutter in Grimms Märchen steht die Schweiz vor dem Spiegel und erwartet, dass dieser auf die entsprechende Frage antwortet: «Du bist das schönste Land.»

Zweifellos hat die Schweiz noch manche Reize. Der Rhein schäumt mit unverminderter Kraft durch die Schlucht von Versam und über die Geländestufe bei Schaffhausen, die vor 200 Jahren schon Goethe bewundert hat. Das Matterhorn, die Blüemlisalp und das ganze Hochgebirge stehen in scheinbar zeitloser Majestät und Anmut am alten Platz. Der Rigi ist mitsamt seinem Sonnenuntergang nach wie vor eine Reise wert. Zwischen Gipfeln und Wipfeln ruhen die alten Seen, deren sonnseitige Ufer in der Westschweiz wie in früheren Zeiten von ausgedehnten Rebterrassen zu Gesamtkunstwerken gestaltet werden. Alles in bester Ordnung also?

Der Wert der Details

Um diese Frage zu beantworten, muss man sich etwas genauer überlegen, was denn die Schönheit einer Landschaft ausmacht. Als Inbegriff der alpenländischen Bellezza gilt der Ausblick auf eine Gebirgskette, möglichst mit einem See im Vordergrund. Auch Schluchten, Hügelwellen und andere Formen der Erdoberfläche können zum Zauber eines Schauplatzes beitragen. Sie machen al-

pouvait être plus fier jadis de ses poupées militaires en fil de fer, aucun Français plus orgueilleux des chefs-d'œuvre immortels de ses écrivains, que ne le sont les Suisses des vues sur leurs paysages.»

Le pays le plus beau?

De nos jours encore, on continue à peindre l'image de la belle Suisse. Plus que jadis, cette peinture est encouragée par les intérêts économiques du tourisme qui est devenu l'un des secteurs les plus importants de la vie professionnelle. Les dépliants publicitaires et les récits de voyage présentent notre pays sous un aspect idyllique, un pays qui a survécu, sans dommages presque, aux tempêtes de notre époque. Il y est question de villages pimpants, de nature inviolée, de sites mollement vallonnés qui invitent à la randonnée, de cours d'eau et de lacs miroitants qui appellent à la baignade comme le faisait le lac des Quatre-Cantons à l'époque de Friedrich Schiller déjà. A l'instar de la marâtre dans la Belle au bois dormant, la Suisse, postée devant son miroir, attend la réponse à sa question: «C'est toi qui est le plus beau des pays.»

La Suisse a certainement bien des charmes encore. Le Rhin écume toujours avec force dans les gorges de Versam et sur les gradins rocheux près de Schaffhouse, où Goethe l'admira il y a deux siècles déjà. Le Cervin, la Blüemlisalp et l'ensemble de la haute-montagne se dressent toujours à la même place où leur majesté et leur grâce semblent défier le temps. Le Righi, coucher de soleil compris, vaut encore un voyage. Entre les cimes et les sommets scintillent encore les lacs, et sur leurs rives ensoleillées en Suisse romande, on fait, des vastes vignobles en terrasses, de véritables œuvres d'art pluriformes comme aux temps anciens. Tout va donc pour le mieux dans le meilleur des mondes?

La valeur des détails

Pour répondre à cette question, il faut réfléchir un peu mieux à ce qui fait l'attrait d'un paysage. La vue sur une chaîne de montagnes, si possible avec un lac au premier plan, passe pour l'image même du beau site alpin. Les gorges, les ondulations des collines

The most beautiful country?

The picture "Beautiful Switzerland" is still being worked on today. More often than not, the commercial interests of tourism, now one of the country's most important industries, are at work. Advertising materials and travel reports present Switzerland as an idyll, left virtually undisturbed by upheavals elsewhere. They talk about picturesque villages, unspoiled Nature, gentle hills and valleys that invite you to go hiking, rivers and smiling lakes that invite you for a swim, as if it were the Lake of Lucerne in Schiller's day. Like the stepmother in Grimm's fairy tale, Switzerland stands in front of the mirror and expects it to answer the well-known question with: "You are the most beautiful land."

There is no doubt that Switzerland still offers many delights. The Rhine still shoots with unabated force through the gorge of Versam and over the falls near Schaffhausen, where Goethe admired it 200 years ago. The Matterhorn, the Blüemlisalp and the high Alps still stand in seemingly timeless majesty there where they have always been. The Rigi – along with the sunset – is still worth a special trip. Between the peaks and the treetops the old lakes still lie in repose, the shores of their sunny hillsides still covered with expanses of vineyards, like giant works of art. So wouldn't one say that everything is just lovely?

The value of details

In order to answer this question, one should think a bit more carefully about what really makes a landscape beautiful. A view of the snow-covered mountains, if possible with a lake in the foreground, is considered to be the essence of Alpine beauty. Gorges, rolling hills and other shapes of the earth's surface can also contribute to the magic of a scene. However, such scenic elements do not constitute the entire picture. Actually, the geomorphology created by the contours of the mountains, the glaciers or the lakes and rivers form the basis on which the beauty can then unfold. And this beauty, strictly speaking, really consists in the details, in small and fine elements that by their variety enrich and give character to the appearance

lerdings nicht das ganze Bild aus. Die durch die Gebirgsfaltung, durch Gletscher und Gewässer geschaffene Geomorphologie bildet die Grundlage, auf der sich die Schönheit erst entfalten kann. Und diese besteht genau genommen aus lauter Details, aus kleinen und feinen Elementen, die in ihrer Varietät das Aussehen einer Gegend bereichern und prägen. Ein Feldweg mit Grasnarbe, der die Rundungen des Geländes nachzeichnet, ein gewundener, von Weiden und Birken gesäumter Bach, eine flechtenbewachsene Trockensteinmauer, die einsame Linde auf einer Anhöhe, Alleen, Hecken und Wälder, Findlinge, Ställe, Zäune, Brücken, Gehöfte und Siedlungen: Alle tragen sie wesentlich zum Gesamteindruck bei. Auf der Landschaftsbühne ist die Staffage ebenso wichtig wie die Kulisse.

Damit ist auch gesagt, wie verletzbar und vergänglich landschaftliche Schönheit ist. Um sie zu entwerten oder sogar zu ruinieren, reicht es aus, wenn die Details zerstört werden, aus denen sie besteht. Genau das ist seit dem Beginn der Industrialisierung in weiten Teilen des Landes geschehen, wobei sich dieser Wandel in der zweiten Hälfte des 20. Jahrhunderts enorm beschleunigt hat. Manchmal, etwa bei der Juragewässerkorrektion der 1860er- und 1870er-Jahre, als die Aare begradigt und in den Bielersee umgeleitet wurde, oder beim Kraftwerk- und Autobahnbau, waren die Eingriffe massiv und unübersehbar. In den meisten Fällen handelte es sich aber um einen schleichenden Vorgang, der sich über Jahrzehnte hingezogen hat (und sich immer noch hinzieht), so dass er weniger augenfällig ist.

Zunehmende Monotonie

Im Zeitraffer der Statistik fällt die Verlustbilanz allerdings sehr deutlich aus. Von den einst ausgedehnten Torf- und Flachmooren sind weniger als zehn Prozent übrig geblieben. Einen ebenso starken Rückgang haben die Auenflächen hinnehmen müssen. Die artenreichen Trocken- und Halbtrockenrasen sind ihrerseits bis auf wenige Flecken dezimiert. Sogar die Zahl der Bäche hat stark abgenommen. Zwischen 1972 und 1983 verschwanden in der Schweiz jedes Jahr rund

et d'autres formes de la topographie terrestre peuvent contribuer au charme d'un site. Tout cela ne constitue pourtant pas tout le tableau. C'est la géomorphologie engendrée par les plissements, les glaciers et les cours d'eau, qui forme la base sur laquelle les diverses parties de l'image peuvent déployer leur beauté. Et celle-ci est faite de maints détails, d'éléments subtils dont la variété enrichit et caractérise le paysage. Un chemin rural herbeux qui épouse les courbes du terrain, un ruisseau sinueux bordé de saules et de bouleaux, un mur de pierres sèches tapissé de lichens, le tilleul solitaire sur sa butte, les allées, haies et forêts, les blocs erratiques, les étables, ponts, fermes et agglomérations, tous contribuent substantiellement à l'impression générale. Sur la scène des paysages, les accessoires sont aussi importants que les décors mêmes.

C'est dire combien la beauté d'un paysage est vulnérable et éphémère. Pour la dévaloriser, voire la ruiner, il suffit de détruire les détails dont il se compose. C'est précisément ce qui s'est passé depuis le début de l'industrialisation dans de grandes parties du pays, et cette transformation s'est énormément accélérée dans la seconde moitié du XXe siècle. Parfois, comme lors de la correction des eaux du Jura des années 1860 et 1870, où l'Aar fut détournée dans le lac de Bienne, ou lors de la construction de centrales électriques et d'autoroutes, les interventions furent massives et évidentes. Dans la plupart des cas cependant, il s'agit d'un processus larvé qui s'est étendu sur des dizaines d'années (et continue à s'étendre), de sorte qu'il est moins frappant.

Monotonie croissante

Dans l'accéléré des statistiques, le bilan des pertes se révèle très nettement. Des tourbières bombées et des tourbières basses jadis étendues, il ne reste que moins de 10 pour cent. Les prairies submersibles au bord des cours d'eau ont diminué dans les mêmes proportions. Les prairies sèches ou mi-sèches ont été, elles aussi, décimées et réduites à quelques parcelles. Même le nombre de cours d'eau s'est fortement réduit. Entre 1972 et 1983, quelque 80 kilomètres de ruis-

of a region. A forest path with turf, tracing the rounded swellings in the terrain, a winding brook, lined with willows and birches, a wall of exposed stones covered with lichen, a lone linden tree on a hilltip, tree-lined lanes, hedges and forests, erratic rocks, sheds, fences, bridges, farms, settlements: all these contribute decisively to the overall impression. On the stage of a landscape, the subordinate elements are just as important as the scenery.

This also indicates how vulnerable and transient scenic beauty can be. Any destruction of its details can suffice to degrade or even ruin it. And precisely this is what has happened in many parts of the country since its industrialization began, and the pace has increased enormously in the second half of the twentieth century. Sometimes the interventions have been massive and obvious, as for example with the correction of the Jura waterways in the 1860s and 70s when the Aare was channeled into the Lake of Biel, or with the construction of the atomic power plants and the motorways. In most cases, however, the destruction has been a gradual, less obvious process taking place over decades (and still going on).

Increasing monotony

When looked at with the time-lapse camera of statistics, however, the loss balance sheet becomes very clear. For example, less than ten percent of Switzerland's once widespread peat and flatland bogs still exist. Equally drastic has been the reduction of the country's wetlands. The numerous varieties of dry and semidry grasses have also been decimated to only a few remaining spots. Even the number of brooks has dwindled considerably. Every year from 1972 to 1983, an average of about 80 kilometres of open flowing brooks disappeared and others were blocked off, as were most rivers. Today, natural flowing waterways have become a rarity.

These examples are only a small portion of a much longer list of alterations which, in the opinion of the environmentalist Mario F. Broggi, since the 1950s have led to a "dramatically increasing monotony" of the land-

80 Kilometer offene Bachläufe, viele andere wurden verbaut, so wie auch die meisten Flüsse. Heute sind natürliche Fliessgewässer eine Rarität.

Diese Beispiele sind nur ein Ausschnitt aus einer weit längeren Liste von Veränderungen, die gemäss dem Umweltfachmann Mario F. Broggi seit den Fünfzigerjahren zu einer «dramatisch zunehmenden Monotonie» der Landschaft geführt haben. Inzwischen muss man ernüchtert feststellen, dass sich ein schöner Teil der Schweizer Landschaft durch die goldene Pforte der Hochkonjunktur davongemacht hat. Von dieser Entwicklung ist nicht «nur» das dicht bewohnte Mittelland betroffen. Sie hat längst die voralpine und sogar die alpine Stufe erreicht. Der Schriftsteller Peter Weber beschreibt in seinem Roman «Der Wettermacher», wie das Toggenburg «vermittellandet». Das Tal am Oberlauf der Thur ist kein Einzelfall. Die einstige ausgeprägte regionale Vielfalt der Schweiz wird mehr und mehr von einer Normlandschaft überlagert.

Landschaft als Kulturleistung

Es ist vielleicht nötig, darauf hinzuweisen, dass die landschaftliche Schönheit der Schweiz sehr oft nicht allein das Ergebnis der Kräfte der Natur, sondern ebenso sehr eine kulturelle Leistung ist. Ausser dem Hochgebirge hat der Mensch die meisten Landesteile schon früh besiedelt und ihr Aussehen verändert. Viele Gegenden, die wir als «natürlich» und schön empfinden, sind Kulturlandschaften: der bewegte Fleckenteppich von bewaldeten und gerodeten Flächen im Napfgebiet ebenso wie die Terrassen an den steilen Hängen der Südalpen, die parkähnlichen Hochebenen im Jura und die reich strukturierten, von vielen Feldobstbäumen durchsetzten Gärten im Fricktal und im Thurgau.

Landschaftliche Vielfalt entstand mehr oder weniger zufällig durch eine Produktionsweise, die mit beschränkten Mitteln auskommen musste und die sich nach den regionalen Gegebenheiten richtete. Diese ökonomische Basis der landschaftlichen Schönheit fehlt heute weitgehend. In der rationalisierten, auf Ertragssteigerung ausgerichteten Agronomie werden Hecken, kleine

seaux coulant en surface ont disparu, d'autres ont été masqués par des constructions, comme la plupart de nos rivières. Les cours d'eau restés naturels sont des pièces rares aujourd'hui.

Ces exemples ne sont qu'un extrait d'une liste bien plus longue de transformations qui, selon le spécialiste de l'environnement Mario F. Broggi, ont conduit, depuis les années 50, à une «monotonie dramatiquement croissante» du paysage. Entre-temps, désenchantés, nous sommes forcés de constater qu'une bonne partie du paysage suisse s'est esquivée par la porte d'or de la haute conjoncture. Cette évolution n'a pas «seulement» touché le Moyen-Pays densément peuplé. Elle a rejoint depuis longtemps l'étage préalpin, voire alpin. Dans son roman *Der Wettermacher* (littéralement: Celui qui fait la pluie et le beau temps), l'écrivain Peter Weber décrit comment le Toggenbourg, selon ses termes, se «moyen-payse». Cette vallée du cours supérieur de la Thur n'est pas un cas unique. La diversité régionale de la Suisse, jadis très marquée, fait de plus en plus place à un paysage standard.

Le paysage, œuvre de la civilisation

Peut-être faut-il relever que, souvent, la beauté des paysages suisses n'est seulement due aux forces de la nature, mais aussi, dans une même mesure, à la civilisation. L'homme a colonisé de bonne heure la majeure partie de notre pays (exception faite de la haute montagne) et en a changé l'aspect. De nombreuses régions qui nous paraissent «naturelles» et belles sont des paysages humanisés: le patchwork de surfaces boisées et de parcelles défrichées dans la région du Napf tout comme les terrasses sur les pentes raides des Alpes méridionales, les plateaux évoquant des parcs dans le Jura et les jardins richement structurés entremêlés de nombreux arbres fruitiers de haute tige dans le Fricktal et en Thurgovie.

La diversité du paysage s'est constituée plus ou moins par hasard en raison d'une méthode de production qui a dû se contenter de moyens réduits en se conformant aux données régionales. Cette base économique de la beauté des sites fait largement défaut

scape. In the meantime, it must be observed with disillusionment that a good part of the Swiss landscape went out through the golden door of the economic boom years. And this development does not involve "only" the heavily populated midland region of Switzerland. It has long since reached the foothills of the Alps and even the Alpine region itself. In his novel "Der Wettermacher" (The Weathermaker), author Peter Weber describes how the Toggenburg region is becoming "midland-ized". This valley in the upper region of the River Thur is not an isolated case. Switzerland's once characteristic regional diversification is being increasingly overlaid by a standardized landscape.

Landscape as a cultural achievement

Perhaps it is necessary to point out that Switzerland's scenic beauty is very often not just the result of the forces of Nature but is also – and just as much – a cultural achievement. Except for the high mountains, most of the habitable regions of the country were settled and changed in appearance at a very early date. Many areas that we find "natural" and beautiful are in fact cultivated landscapes: the variegated carpet pattern of alternating wooded and cultivated areas in the Napf region as well as the terraces on the steep slopes of the southern Alps, the park-like high plains in the Jura and the richly structured gardens and orchards in the Frick Valley and in Thurgau, to mention only a few examples.

This diversity in the landscape came about more or less by chance as the result of a manner of agricultural production that had to make do with limited means and adapt to regional conditions. Today this economic basis for the beauty of the landscape is largely nonexistent. In our rationalized agronomy, which is orientated to maximizing returns, things such as hedges, small woods, pools and meadow brooks are only elements that get in the way; they reduce the area available for development and hinder heavy machinery. Many large field fruit trees have had to give way to higher-yield fruit tree plantations. Other important elements of traditional cultivated landscapes such as pack walls, shingle roofs or footpaths

Wälder, Tümpel und Wiesenbäche zu störenden Elementen, welche die Anbaufläche reduzieren und den Einsatz der Maschinen behindern. Viele hochstämmige Feldobstbäume mussten den ertragreicheren Plantagen weichen. Andere wichtige Elemente der traditionellen Kulturlandschaften wie Trockenmauern, Schindeldächer oder Naturwege verschwinden, weil ihr Unterhalt mit zu grossem Aufwand verbunden ist. Die Tatsache, dass die Landschaft oft unbelebt erscheint, rührt aber auch daher, dass alte, arbeitsintensive Handwerks- und Anbaumethoden durch Energie und Maschinen verdrängt wurden. Wenn sich heute etwas im Gelände bewegt, hat es meistens vier Räder und einen Motor.

Moderne Ansprüche

Dazu kommen die steigenden Ansprüche der modernen Dienstleistungs- und Freizeitgesellschaft. Für sie ist der Boden in erster Linie ein Produktionsfaktor, der möglichst intensiv und gewinnbringend genutzt werden will. Für die Landschaft hat sich dabei die auf den günstigen Treibstoffpreisen beruhende Massenmotorisierung besonders fatal ausgewirkt, indem sich die Verkehrszunahme und der massive Strassenbau gegenseitig hochgeschaukelt haben. Öde Pendlersiedlungen, Einkaufszentren und Lagerhäuser haben in der Folge die «grüne Wiese» zersiedelt. Die Grenzen zwischen Stadt und Land sind zum Schaden beider Lebensräume verwischt. In den Siebziger- und Achtzigerjahren wurde in der Schweiz jedes Jahr eine Fläche verbaut, die der Grösse des Murtensees (2300 ha) entspricht.

Von den grossen Wirtschaftszweigen hat im Prinzip nur noch der Tourismus ein direktes Interesse an intakten Landschaften. Diese sind gemäss den Umfragen von «Schweiz Tourismus» das Hauptmotiv für Ferien in der Schweiz geblieben. Das Verhältnis des Tourismus zum Landschafts- und Naturschutz ist allerdings zwiespältig. Fast alle Alpentäler sind in den letzten Jahrzehnten gerade auf Druck der Fremdenverkehrsbranche mit breiten Zufahrtsstrassen und den entsprechenden bequemen, aber hässlichen Parkierungsflächen ausge-

aujourd'hui. Dans notre agriculture rationalisée, axée sur l'augmentation du rendement, les haies, les bosquets, les mares et les ruisseaux dans les prés deviennent des éléments gênants qui réduisent les surfaces cultivables et entravent le travail des machines. Beaucoup d'arbres fruitiers de haute tige ont dû céder leur place aux plantations plus productives. D'autres éléments importants des paysages humanisés, tels que les murs de pierres sèches, les toits de bardeaux ou les chemins naturels disparaissent parce que leur entretien exige trop de temps et d'énergie. Le fait que le paysage paraît souvent peu animé est également dû au fait que les anciennes méthodes agricoles et artisanales demandant beaucoup de travail ont cédé la place à l'utilisation de sources d'énergie non humaine et de machines. Quand quelque chose bouge aujourd'hui dans les champs, cela a généralement quatre roues et un moteur.

Exigences modernes

A tout cela viennent s'ajouter les exigences croissantes de la société de services et de loisirs moderne. Pour elle, le sol est, au premier chef, un facteur de production qui veut être exploité aussi intensivement et lucrativement que possible. Or, pour le paysage, la motorisation a eu des effets particulièrement fatals puisque l'augmentation du trafic et la construction effrénée de routes se sont stimulées mutuellement. En conséquence, de mornes cités-dortoirs, des centres d'achat et des entrepôts ont mité la «verte prairie». Les limites entre la ville et la campagne se sont estompées au détriment des deux espaces vitaux. Au cours des années 70 et 80, on a couvert de constructions en Suisse, chaque année, une superficie correspondant à celle du lac de Morat (2300 ha).

Parmi les grands secteurs économiques, seul le tourisme a encore un intérêt direct à conserver des paysages intacts. Ceux-ci sont restés, selon les sondages de «Suisse tourisme», le motif principal de vacances en Suisse. Les sentiments des responsables du tourisme à l'égard de la protection des paysages et de la nature sont toutefois ambivalents. Au cours des dernières décennies, pres-

are disappearing because it is too costly to maintain them. However, the fact that the landscape often seems lifeless is also because the old, labour-intensive manual skill and cultivating methods have been displaced by the use of energy and machines. Today if anything is moving out in the field, it is most likely to have four wheels and a motor.

Modern demands

In addition to the above changes, there are the rising demands of our modern service and leisure-oriented society. As far as it is concerned, land is primarily a production factor, to be exploited as intensively and profitably as possible. Here the glut of private motor vehicles, based on relatively cheap fuel, is causing especially fatal consequences: increasing road traffic and massive highway construction have spurred each other on to ever greater heights. As a result, bleak commuter housing developments, shopping centres and warehouses have sprung up in once-green meadows. The boundaries between city and country have become blurred, to the detriment of both as living areas. In the 1960s and 70s the amount of open land lost to new constructions each year was equal to the size of the Lake of Murten (2,300 hectares, or 5,700 acres).

Among the major sectors of the economy, basically only the tourism industry has a direct interest in intact landscapes which, according to polls conducted by "Switzerland Tourism" organization, are still the main reason why people come to Switzerland for their holidays. However, the relationship between tourism and protection of the landscape and Nature is a conflicting one. Over the past few decades, under the pressure of the tourism business, nearly all the Swiss Alpine valleys have been given wide access roads and – logically – convenient but unsightly parking lots. Many tourist resorts in the mountains now resemble small cities.

In the final analysis, the tourism industry often uses Nature and scenery as advertising attractions without really intending to protect them. Very recently, there has been a trend to install mountain railways and other

stattet worden. Viele Kurorte gleichen Kleinstädten in den Bergen.

Auch der Tourismus benutzt Natur und Landschaft oft nur als werbewirksame Attraktionen, ohne sie wirklich schützen zu wollen. In jüngster Zeit verstärkt sich sogar der Trend, die Alpenwelt durch Bergbahnen und andere Anlagen bis in die hintersten Winkel zu erschliessen und in eine Art Rummelplatz mit natürlicher Kulisse zu verwandeln.

Gefahren des Klimawandels

Bemerkenswerterweise sind es nicht zuletzt die Folgen des vom Menschen und von seiner energieintensiven Lebensweise mitverursachten Klimawandels, welche die Tourismusverantwortlichen zur Flucht nach vorn treiben. Weil die Schneesicherheit in tieferen Lagen abnimmt, werden die Anlagen in den höheren Regionen erweitert und der Pistenbetrieb mit teuren Schneekanonen sichergestellt. Der Schweizerische Seilbahnverband hat 1998 einen Bericht zur «technischen Beschneiung der Schweiz» vorgestellt. Während sich so der Skitourismus vorläufig über Wasser hält, lässt sich der rasche Rückzug der Gletscher mit keiner Ingenieurkunst aufhalten. Wenn sich die Voraussagen der Klimaforscher bestätigen, werden bis in 50 Jahren viele kleinere Eismassen verschwinden und die grösseren zwei Drittel ihrer Länge einbüssen. Der Gebirgswelt droht der Verlust dieser besonders prägenden Attraktionen.

Kein schöner Land in dieser Zeit? Die Antwort des Spiegels würde wenig schmeichelhaft ausfallen. 200 Jahre nach Goethes Reisen bestehen die Reize der Schweiz zum grössten Teil aus jenen Restbeständen, die den Ansturm der Moderne überstanden haben. Anders als frühere Generationen hat die unsere kaum eigene landschaftliche Schönheiten geschaffen, aber viele traditionelle zerstört. Die Landschaft wird zum Spiegelbild einer Zeit, die ihren Reichtum vorwiegend auf materiellen Werten und privatem Konsum aufbaut. Der öffentliche Raum, sei es nun in der Stadt oder auf dem Land, wird diesen Ansprüchen untergeordnet. Die Landschaft leidet an einer Art Wohlstandsverwahrlosung.

que toutes les vallées alpines ont été pourvues, précisément sous la pression du secteur touristique, de larges routes d'accès et de surfaces de parking correspondantes commodes, mais laides. De nombreuses petites stations climatiques ressemblent maintenant à de petites villes dans la montagne.

En définitive, le tourisme se sert souvent de la nature et du paysage comme d'une attraction efficace pour sa publicité, mais sans volonté sincère de les protéger. Ces derniers temps, on assiste même à un renforcement de la tendance à faciliter l'accès du monde alpin jusque dans ses derniers recoins par des téléphériques et d'autres moyens de transport, dans le but de faire de ces sites des espèces de champs de foire dans un décor naturel.

Dangers du changement de climat

Curieusement, ce sont surtout les effets du changement de climat causé en partie par l'homme et son mode de vie, qui poussent les responsables du tourisme à la fuite en avant. Parce que la skiabilité diminue dans les régions moins élevées, on élargit les installations en altitude et on assure l'activité sur les pistes au moyen de coûteux canons à neige. L'Association suisse des entreprises de transport à câble a présenté, en 1998, un rapport sur «l'enneigement technique de la Suisse». Alors que le tourisme à ski s'en tire ainsi pour le moment, le retrait des glaciers ne peut être arrêté par aucune technique de génie civil. Si les prévisions des climatologues se confirment, un grand nombre de petits fleuves de glace disparaîtront d'ici 50 ans et les plus grands auront perdu deux tiers de leur longueur. Le monde alpin est menacé par la disparition de cet attrait touristique particulièrement marquant.

Est-il un pays plus beau? La réponse du miroir ne serait sans doute plus très flatteuse. Deux siècles après les voyages de Goethe, les charmes de la Suisse ne sont plus constitués, pour une grande part, que par les «vestiges» qui ont résisté aux assauts de l'époque moderne. Contrairement aux générations précédentes, la nôtre n'a guère contribué à développer de beaux paysages, mais en a détruit beaucoup qui étaient devenus tra-

conveyances to the furthest possible point, transforming the Alpine world into a sort of amusement park with natural instead of painted scenery.

Danger of climate change

Paradoxically, it is not least the results of the change in climate caused by man himself and his energy-intensive lifestyle that are driving the promoters of tourism to seek refuge in attack. The reduced certainty of snow at lower altitudes has caused the facilities at higher levels to be expanded. If necessary, the ski slopes are sprayed with expensive snow guns. In 1998 the Swiss Aerial Cable Transport Association issued a report on the "technical generation of snow in Switzerland". This is permitting the ski tourism branch to get by for the moment. However, no feat of engineering can stop the rapidly receding Alpine glaciers. If the statements of climate researchers are correct, in 50 years' time many of the smaller ice masses will have disappeared and the larger ones will have lost two-thirds of their length. The Swiss mountains are being threatened by the loss of one of their particularly impressive attractions.

"No land more beautiful." Is it still true these days? The answer given by the mirror may well no longer be so flattering. Now, 200 years after Goethe's visit, most of Switzerland's scenic attractions consist of things that have survived the attack of our modern world. Unlike earlier generations, ours has created virtually no scenic beauties but instead destroyed many traditional ones. The landscape is become the mirror image of an era which bases its wealth mainly on material values and private consumption. Public space, whether in the city or the country, has been subordinated to these demands. Our landscape is suffering from a sort of dereliction by prosperity.

Beginnings of a new political attitude

Up to now the protection of individual landscapes (often enough only successful by dint of hard-fought arguments) and legal regulations for construction projects have helped in many cases, but have not been

Ansätze für eine neue Politik

Der bisherige Schutz von Einzellandschaften (der oft genug erst nach harten Auseinandersetzungen gelungen ist) und die Auflagen bei Bauprojekten waren zwar in vielen Fällen hilfreich, sie konnten die Umwelt aber nicht vor einer allgemeinen Banalisierung bewahren. Sollen Natur und Landschaft eine neue Chance erhalten, müssen sie in Zukunft in positiver Weise in den Wirtschaftskreislauf eingebunden werden, indem sie einen ausreichend hohen Preis bekommen: Es muss sich auch ökonomisch wieder lohnen, die Natur zu schützen oder sie aufzuwerten. Die Politik hat erste erfolgreiche Schritte in diese Richtung getan. Seit der Revision des Landwirtschaftsgesetzes fördert der Bund den biologischen Landbau mit beträchtlichen Direktzahlungen. Die Landwirte erhalten auch Ausgleichsbeiträge für die Pflege von ökologisch wertvollen Flächen. Eine weitere erfreuliche Errungenschaft ist der Landschaftsrappen, der es in einzelnen Fällen möglich macht, die betroffenen Gemeinwesen für den Verzicht auf eine Wasserkraftnutzung und somit für den dauerhaften Schutz einer Landschaft zu entschädigen. Dieses Instrument hat massgeblich mitgeholfen, die einzigartige Hochgebirgslandschaft der Greina im Kanton Graubünden zu retten und den geplanten Bau eines Stausees nach jahrelangem Kampf zu verhindern.

Diese Erfolge sind allerdings nur Tropfen auf einen heissen Stein. Noch ist die Politik alles andere als konsequent. Mit der Revision des Raumplanungsgesetzes beispielsweise werden die Bauvorschriften in der Landwirtschaftszone gelockert und die Umnutzung von abgelegenen Ställen und Scheunen zu Ferienhäusern erleichtert. Dadurch besteht die Gefahr einer neuen Zersiedelungsrunde in allen Landesgegenden. Der Druck auf die Landschaft wird auch durch die Verkehrs- und Energiepolitik erhöht, der es bisher nicht gelungen ist, den Automobilisten die von ihnen verursachten Umweltschäden anzurechnen. Erst wenn dies der Fall ist und die Strassentransportkosten stärker ins Gewicht fallen, kann wieder eine «Kultur der Nähe» entstehen, die den Raum weniger stark beansprucht.

ditionnels. Le paysage devient le reflet d'une époque qui édifie essentiellement sa richesse sur des valeurs matérielles et la consommation des particuliers. On subordonne le domaine public, à la ville comme à la campagne, à ces exigences. Les paysages souffrent d'une espèce de déchéance due à la société d'abondance.

Ebauches d'une nouvelle politique

Si la protection de certains paysages effectuée jusqu'ici (trop souvent après d'âpres démêlés) et les charges imposées à certains projets de construction ont rendu de bons services dans beaucoup de cas, elles n'ont pas préservé notre environnement d'une banalisation générale. Si la nature et le paysage doivent obtenir une nouvelle chance, il faudra les intégrer de manière positive dans le circuit économique en les dotant d'un prix suffisamment élevé. On a fait avec succès de premiers pas dans cette direction. Depuis la révision de la loi sur l'agriculture, la Confédération encourage la culture biologique du sol au moyen de versements directs importants. Les agriculteurs touchent également des contributions compensatoires pour l'entretien de terres écologiquement précieuses. Le centime pour le paysage est une autre réalisation: il permet, dans certains cas particuliers, aux communautés concernées de renoncer à l'exploitation d'une énergie hydraulique et les dédommage ainsi pour leur protection durable d'un paysage. Cet instrument a sensiblement contribué à sauver, après des années de lutte, le paysage de haute montagne, unique en son genre, de la Greina dans le canton des Grisons et à empêcher la construction projetée d'un lac de barrage.

Ces succès ne sont toutefois qu'une goutte d'eau dans la mer. La politique est loin d'adopter une ligne résolue. Avec la révision de la loi sur l'aménagement du territoire, on relâche les directives de construction dans les zones agricoles et on facilite le changement d'affectation d'étables et de granges situées à l'écart en maisons de vacances, d'où le danger d'une nouvelle série de mitages dans toutes les régions du pays. La pression sur les sites augmente également par suite de

enough to prevent the environment from a progressive and overall inspidity. If Nature and the landscape are to be given a new chance, in the future they will have to be incorporated into the circular flow of the economy in a positive way by getting an adequately high price: it must become economically worthwhile to protect or upvalue Nature. The political authorities in Switzerland have taken the first successful steps in this direction. Since the revision of the agricultural law, the federal government is promoting biological farming with substantial subsidies. Farmers are also receiving compensation for the conservation of ecologically valuable land. A further gratifying development is a form of financial reward from the government that in individual cases allows the communities concerned to dispense with local hydroelectric construction projects, thus compensating them for the permanent protection of the landscape. This political-financial instrument was decisive in saving the unique high-Alpine Greina region in the Canton of Graubünden from the planned construction of a dam and artificial lake, after years of struggle.

These success stories, however, are only a drop in the bucket, and politicians are anything but consistent. With the revision of the zone planning law, for example, construction regulations in agricultural zones were eased and the re-classification of outlying sheds and barns as weekend cabins was facilitated. The latter development entails the danger of a new wave of building habitations everywhere in country areas. The pressure on the countryside is also increasing due to traffic and energy policies, as it has so far not been possible to make car drivers pay for the damage they do to the environment. Only when this is the case and the true costs of road transport are more seriously taken into account will a "cultivation of the vicinity" come about which makes less of an inroad on our living space.

A paralysing self-deception

However, the insight that more effective measures such as those just described are urgently needed and could help to upgrade

Lähmende Selbsttäuschung

Die Einsicht, dass solche wirksameren Massnahmen dringend nötig wären und mithelfen könnten, den Lebensraum Schweiz aufzuwerten, wird allerdings durch die von den Medien und vom Tourismus geförderte Selbsttäuschung erschwert: Es ist erstaunlich, wie sehr Schweizer und ausländische Gäste am idyllischen Bild der Schweiz festhalten, das Aufklärung und Romantik entworfen haben, und wie wenig sie die Talfahrt der Landschaft zur Kenntnis nehmen. Ist das so, weil Natur- und Kulturraum – nicht nur in der Schweiz – schon so weiträumig banalisiert sind, dass Vergleichsmöglichkeiten fehlen? Stumpft mit der Landschaft auch die Sensibilität der Bevölkerung ab?

Vielleicht hängt es auch damit zusammen, dass der an viel Komfort gewöhnte Mensch darüber hinwegsehen will, dass sich Alpen und Asphalt, Schönheit und Konsum nicht so problemlos vertragen, wie er das gern hätte. Er begnügt sich mit den erhaltenen «Highlights» der Landschaft, nimmt sie als Beweis dafür, dass die Schweiz noch intakt ist, und wer sich nach mehr Ruhe und Natur sehnt, begibt sich ins Reisebüro, um einen Flug nach Kanada oder Nepal zu buchen. An das Mittelland – einst ebenfalls eine vielseitige und belebte Landschaft – stellt man kaum noch ästhetische Ansprüche, obwohl der grösste Teil der Bevölkerung die meiste Zeit hier lebt.

la politique des transports et de l'énergie qui n'a pas réussi, jusqu'à présent, à facturer aux automobilistes les dégâts engendrés par eux dans l'environnement. Ce n'est qu'au moment où cela sera possible et où les frais de transport par la route pèseront davantage, qu'une «culture de proximité» moins préjudiciable au paysage pourra se reconstituer.

Illusions paralysantes

Le grand public ne reconnaît toutefois guère l'urgence de telles mesures, qui pourraient contribuer à revaloriser l'espace vital qu'est la Suisse, parce que ce public s'illusionne et que son aveuglement est encouragé par les médias et le tourisme. Il est étonnant de voir combien de Suisses et d'hôtes étrangers se cramponnent à l'image idyllique de la Suisse propagée à l'époque des Lumières et du romantisme, et ne prennent pas note de la dégradation de ses paysages. Est-ce parce que l'espace naturel et l'espace culturel – non seulement en Suisse – sont déjà si largement banalisés que les possibilités de comparaison font défaut? La sensibilité de la population s'émousse-t-elle parallèlement à la dégradation des sites?

Peut-être aussi l'être humain accoutumé à beaucoup de confort ferme-t-il les yeux sur le fait que «Alpes et asphalte», «beauté et consommation» ne s'accordent pas aussi bien qu'il le voudrait? Il se contente des beautés encore conservées du paysage, les prend pour une preuve que la Suisse est encore intacte. Quant au Moyen-Pays – jadis lui aussi un paysage animé, offrant maints attraits – on n'en attend plus guère d'aspects esthétiques bien que la majeure partie de la population y passe la partie la plus longue de sa vie.

Swiss living space is hampered by the sort of self-deception promoted by the media and the tourist industry. It is truly astounding how not only foreign visitors but also the Swiss themselves cling to the idyllistic image of Switzerland that the Enlightenment and Romanticism created, and how little the decline of the countryside is taken note of. Is it perhaps that Nature and culture areas – and not only those in Switzerland – have become insipid on such a widespread scale that possibilities of comparison are lacking? Along with the landscape, has the sensitivity of the population also become dulled?

Perhaps it involves the fact that people who have become habituated to so much ease and comfort simply don't want to revert to the fact that the Alps and asphalt or beauty and consumption do not go so well together as they would like. They are content with the highlights of Swiss scenery that can still be seen, taking these as proof that Switzerland is still intact. And if anyone needs still more peace and Nature, they can go to a travel agent and book a flight to Canada or Nepal. No one any longer makes aesthetic demands on the Swiss midland region – once a highly diversified and beloved area – even though the greatest portion of the population lives there.

◁ Schneeriff im Nebelmeer: Während die Täler (links das Kandertal, rechts das Engstligental) verhüllt sind, lässt der Nebel den Grat dazwischen umso schärfer hervortreten. Der Allmegrat zieht vom Punkt 2521 (oben) über den First (2548 m, Mitte) und den Howang (2519 m, untere Bildmitte) bis zum gerade noch aus den Wolken ragenden Stand (2320 m).

◁ L'arête enneigée dépasse de la nappe de brouillard comme un récif surgissant de la mer: Le brouillard voilant complètement les vallées (à gauche la vallée de la Kander, à droite la vallée de l'Engstligen), il accentue d'autant plus distinctement l'arête entre elles. L'Allmegrat s'étend depuis le point 2521 (en haut) par le First (2548 m, au milieu) et le Howang (2519 m, milieu de l'image, en bas) jusqu'au Stand (2320 m) dépassant tout juste des nuages.

◁ A snow reef in a sea of fog: the fog-shrouded valleys (on the left the Kandertal, on the right the Engstligental) make the protruding ridge even sharper. The Allme Ridge runs from Point 2521 (upper part of picture) to the First (2528 m/8,291 ft, centre) and the Howang (2519 m/8,262 ft, lower centre) on to the Stand (2320 m/7,609 ft), just visible, rising above the clouds.

Im Spätsommer zeigt sich die Oberfläche des 23,3 km (1997) langen Grossen Aletschgletschers (VS), des längsten und mächtigsten Gletschers der Alpen, als ein Labyrinth von Spalten und Rinnen. Sie entstehen durch die Fliessbewegung des Eisstroms, die, je nach Messstelle, zwischen 10 m und 200 m pro Jahr variiert. Die dunklen Streifen auf dem Eis sind Mittelmoränen, die sich beim Zusammenfluss der drei den Gletscher nährenden Firne auf dem Konkordiaplatz gebildet haben.

A la fin de l'été, la surface du Grand Glacier d'Aletsch (VS) apparaît comme un labyrinthe de crevasses et de fissures. Celles-ci sont dues à l'écoulement du fleuve de glace, mouvement qui, selon l'endroit de la mensuration, varie de 10 à 200 m par an. Les rayures foncées sont les moraines médianes qui se sont formées sur la Konkordiaplatz au confluent des trois névés qui alimentent le glacier.

In late summer, the surface of the 23.3 km (15 mile)-long Great Aletsch glacier (VS), the longest and mightiest glacier of the Alps, is a labyrinth of crevices and furrows, caused by the forward movement of the ice mass which can vary from 10 to 200 m (30–650 ft) a year, depending on the measuring point. The dark streaks running along the ice are middle moraines, formed by the confluence of the three ice firns feeding the glacier, marking their interfaces.

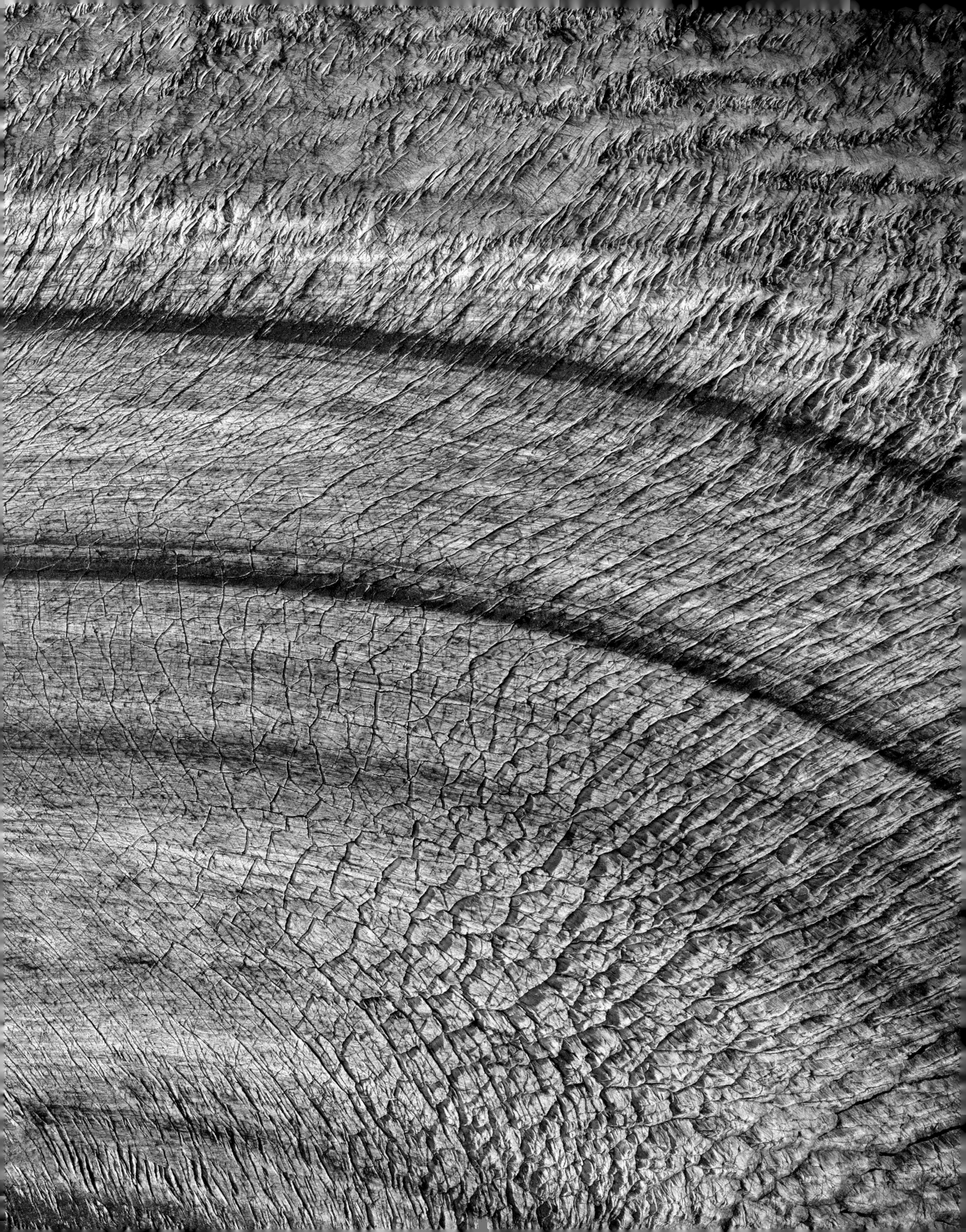

Die Dammkrone des Mattmarksees im hinteren Saastal (VS), aufgenommen im Dezember 2002. Die bis zu 120 m hohe Staumauer ist mit über 10 Millionen m^3 Schüttvolumen der grösste Staudamm der Schweiz. Während seines Baus kamen am 30. August 1965 durch einen Eisabbruch am Allalingletscher 88 Bauarbeiter zu Tode.

Le couronnement de la digue du barrage de Mattmark, situé à l'amont de la vallée de la Saas, photographié en décembre 2002. Par sa hauteur de 120 m et ses 10 millions de mètres cubes de remblai, cette digue est le plus grand barrage de la Suisse. Le 30 août 1965, un pan du glacier de l'Allalin s'effondra sur le chantier du barrage en construction. Sa chute provoqua la mort de 88 ouvriers.

The dam of the Mattmarksee Lake at the back of the Saastal Valley (VS), taken in December 2002. The dam, ascending to a height of 120 m/393 ft, is the largest in Switzerland, with a volume of over 10 million m^3. During its construction 88 construction workers were killed by a mass of ice breaking off the Allalin Glacier on 30 August 1965.

Der Gibidumsee staut das aus dem Aletschgletscher abfliessende Schmelzwasser. Unterhalb der Staumauer fällt das Tal mit der Massaschlucht steil nach Brig ab. Im Dezember 2002 hat sich auf der Wasseroberfläche Eis gebildet, auf dem der Schnee zum Teil liegen bleibt und ein attraktives Farbenspiel entstehen lässt.

Le lac de Gebidem est alimenté par les eaux de fonte du glacier d'Aletsch. Au-dessous de la digue, la vallée descend abruptement vers Brigue, la rivière passant par les gorges de la Massa. En décembre 2002, une couche de glace s'est formée à la surface de l'eau et retient une partie de la neige ce qui provoque un fascinant jeu de couleurs.

The Gibidum Lake collects the water flowing out of the Aletsch Glacier. Below the dam the valley descends steeply down the Massa Ravine towards Brig. In December 2002 the ice formed on the surface was partly covered with snow, creating an attractive play of colour.

◁ In vielfältigen Farbtönen präsentiert sich die Kulturlandschaft am Jurafuss im Kanton Solothurn im Mai 1995: Obstbäume und die gelben Rapsfelder stehen in voller Blüte, und auch die ungeschnittenen Wiesen erhalten durch den blühenden Löwenzahn eine zartgelbe Färbung.

◁ C'est en diverses teintes que se présente le paysage humanisé au pied du Jura, dans le canton de Soleure, en mai 1995. Certains arbres fruitiers et les champs de colza jaunes sont en pleine floraison; les prairies non encore fauchées sont, elles aussi, colorées de jaune tendre par les dents-de-lion en fleurs.

◁ Here the farmlands at the foot of the Jura range in the Canton Solothurn are seen in their vivid colours in May 1995: the fruit trees and yellow fields of rapeseed are in full bloom and dandelions give the uncut hayfields their delicate yellow tint.

Mitten in der intensiv genutzten, ausgeräumten Orbe-Ebene (VD) südwestlich von Yverdon hat sich ein kleines Stück Land der Kultivierung und Nutzung durch den Menschen entzogen.

Au beau milieu de la plaine de l'Orbe (VD) intensivement exploitée, au sud-ouest d'Yverdon, une petite parcelle de terrain s'est soustraite à la culture et au faire-valoir humain.

In the midst of the intensively cultivated, completely cleared Orbe plain (VD) southwest of Yverdon, man has withdrawn a small patch of land from cultivation and utilization.

Grosse Landschaftsveränderungen hat die erste Juragewässerkorrektion 1868 bis 1878 dem Berner Seeland gebracht: Um das Gebiet vor den gefürchteten Aareüberschwemmungen zu schützen, wurde der Fluss in den Bielersee (oben Mitte; rechts Biel) umgeleitet und von dort nach Büren an der Aare (links) ins alte Flussbett geführt.

La première correction des eaux du Jura (1868 à 1878) transforma profondément le paysage. Pour protéger la région des redoutables inondations de l'Aar, on détourna ses eaux dans le lac de Bienne (en haut, au milieu; Bienne à droite) pour les ramener ensuite à Büren an der Aare (à gauche), dans l'ancien lit du cours d'eau.

Substantial changes in the landscape of the Bernese lakes were made with the first correction of the Jura waterways from 1868 to 1878. To protect the area from the dreaded floods of the Aare, the river was channeled into the Lake of Biel (upper middle, Biel on the right) and from there back into its original riverbed at Büren (left).

◁ Von Erlach (BE) am südwestlichen Ende des Bielersees führt der Heidenweg auf einer Landbrücke schnurgerade auf die St.-Peters-Insel (rechts angeschnitten). Diese Landverbindung besteht erst seit der ersten Juragewässerkorrektion 1868 bis 1878, die eine Absenkung des Seespiegels um 2,5 m mit sich brachte.

◁ De Cerlier (Erlach BE) à l'extrémité sud-ouest du lac de Bienne, le chemin des Païens mène directement, par un isthme, à l'île Saint-Pierre (à droite, rognée). Cette langue de terre n'existe que depuis la première correction des eaux du Jura, qui abaissa de 2,5 m le niveau du lac.

◁ From Erlach (BE) at the southwestern end of the Lake of Biel the Heidenweg (Pagans Way) runs in a straight line through the land bridge to St. Peter's Island (far right). This land bridge was created with the correction of the Jura waterways from 1868 to 1878, as a result of which the lake level was lowered by 2.5 m (7 ft).

Ein Transportschiff fährt in den Zihlkanal am nordöstlichen Ende des Neuenburgersees ein. Auch dieser Kanal, die Verbindung zwischen dem Neuenburger- und dem Bielersee, ist ein Teil der ersten Juragewässerkorrektion; er ermöglicht den schnellen Ausgleich der Wasserhöhe der beiden Seen.

Une péniche entre dans le canal de la Thielle à l'extrémité nord-est du lac de Neuchâtel. Ce canal reliant le lac de Neuchâtel et celui de Bienne est, lui aussi, issu de la première correction des eaux du Jura. Grâce à lui, l'équilibre entre les niveaux des deux lacs s'établit rapidement.

A freight boat enters the Zihl canal at the northeast end of the Lake of Neuchâtel. This canal, connecting the lakes of Neuchâtel and Biel, was also a part of the first Jura waterways correction project. It permits rapid equalization of the water levels of both lakes.

Der Murtensee (FR; Blick in Richtung Südwesten) ist mit dem Broyekanal (Ausfluss unten rechts) ebenfalls am 1868 bis 1878 geschaffenen Juragewässersystem angeschlossen. Die Absenkung des Seespiegels als Folge der Gewässerkorrektion hat besonders am flachen Ostufer grosse Gebiete trockengesetzt, die heute bewaldet sind.

Le lac de Morat (FR, vue en direction du sud-ouest) est également, par le canal de la Broye (sortant du lac à droite, en bas) relié au système des eaux du Jura créé de 1868 à 1878. L'abaissement du niveau du lac suite à la correction des eaux a asséché de vastes zones, notamment sur la rive est, plate, zones qui sont maintenant boisées.

The Lake of Murten (FR, here looking southwest) was also connected to the Jura waterway system created from 1868 to 1878 via the Broye canal (outlet lower right). On the flat eastern shore the lowering of the lake level resulting from the correction left large areas dry which are now forested.

◁ Der Chasseral (BE) ist mit 1607 m die höchste Erhebung des Jura. Von hier überblickt man beinahe das gesamte Mittelland und die Nordseite des Alpenkamms – kein Wunder, dass die PTT (heute Swisscom) den Ort schon früh als Standort einer Antennenanlage ausgewählt haben.

◁ Le Chasseral (BE, 1607 m) est le point culminant du Jura. D'ici, on domine du regard presque tout le Moyen-Pays et la face nord de la crête des Alpes. Rien d'étonnant donc à ce que les PTT (aujourd'hui Swisscom) aient choisi ce sommet pour y installer un pylone d'antenne.

◁ The Chasseral (BE, 1,607 m/5,271 ft) is the highest elevation of the Jura range. From here the entire Swiss midland region to the north side of the Alps can be seen, so it is no wonder that the PTT telecommunications organization (today Swisscom) chose it as an antenna site at a very early date.

Am 30. September 1997 findet im Weinbaugebiet von Féchy (VD) an der Côte am Genfersee die Weinlese statt. Aus den geernteten Chasselas-Trauben wird dereinst der feine Féchy-Weisswein gekeltert. Die Pflege der Trauben und die Weinlese sind auch heute noch sehr aufwendig.

Vendanges, le 30 septembre 1997, dans la région viticole de Féchy (VD) sur la Côte au bord du Léman. Le chasselas récolté, pressé et fermenté, deviendra le fin vin blanc de Féchy. Les soins à donner aux vignes ainsi que les vendanges exigent, de nos jours encore, beaucoup de travail.

The wine grape harvest on the slopes of the Lake of Geneva is here in full swing on 30 September 1997. The harvested Chasselas grapes will produce the exquisite Féchy white wine. The cultivation and harvesting of these grapes is still very laborious.

Wie die Stege eines Spinnennetzes laufen die Wege durch die Rebhänge am linken Ufer des Bielersees auf die Kirche oberhalb von Ligerz (BE) zu. Der spätgotische Bau, die einstige Wallfahrtskirche Heilig Kreuz, ist von kunsthistorischer Bedeutung. Von den 260 ha Rebbaufläche des Kantons Bern liegen deren 240 am Bielersee; es waren vor allem Benediktinermönche aus Engelberg und der Bischof von Basel, die den Weinbau in der Region im späten Mittelalter förderten.

Semblables aux rayons d'une toile d'araignée, les chemins courent à travers les vignobles sur la rive gauche du lac de Bienne vers le point central constitué par l'église au-dessus de Gléresse (Ligerz, BE). Cet édifice religieux de style gothique flamboyant, jadis église de pèlerinage de la Sainte-Croix, est une œuvre d'art. Des 260 ha de vignobles du canton de Berne, 240 se trouvent au bord du lac de Bienne. Ce furent avant tout les bénédictins d'Engelberg et l'évêque de Bâle qui encouragèrent la viticulture dans cette région à la fin du Moyen Age.

Like the strands of a spider's web, roads lead through the vineyards on the shore of the Lake of Biel to the Late Gothic Church of the Holy Cross above Ligerz (BE), a former pilgrimage Church of art-historical value. Of the 260 hectares (642.5 acres) of vineyards in Canton Berne, 240 hectares (593 acres) lie on the Lake of Biel. It was above all the Benedictine monks from Engelberg and the bishop of Basel who promoted wine growing in the late Middle Ages.

◁ Das Weingut Les Abbayes liegt auf Boden der Gemeinde Puidoux (VD) im Lavaux am östlichen Genfersee. Aus Chasselas-Trauben wird hier einer der besten Dézaley-Weine gekeltert. Die ältesten Rebterrassen legten 1142 die Zisterzienserbrüder von Montheron an.

◁ Le domaine viticole des Abbayes se trouve sur le territoire de la commune de Puidoux (Lavaux, VD) sur la rive orientale du Léman. On y produit l'un des meilleurs Dézaley avec le chasselas vendangé sur ses terrasses. Les premières de ces vignes en gradins furent plantées en 1142 par les frères cisterciens de Montheron.

◁ The wine region of Les Abbayes lies within the township of Puidoux (VD) in Lavaux, on the eastern shore of the Lake of Geneva. Here the Chasselas grape is pressed into the best Dézaley wines. The oldest wine terraces were in the possession of the Cistercian monks of Montheron in 1142.

Verdasio (TI), politisch zu Intragna gehörend, ist ein typisches Centovalli-Dorf mit überlieferter mitteltessinischer Siedlungsstruktur, die sich bis heute erhalten hat. Eine Zufahrtsstrasse führt bis vor das autofreie Dorf, dessen Geschlossenheit beeindruckt und von dessen kulturellem Reichtum die Casa Tosetti Zeugnis ablegt.

Verdasio fait partie de la municipalité d'Intragna. Ce village typique du Centovalli a sauvegardé son caractère traditionnel jusqu'à nos jours. Il impressionne par son unité et sa richesse culturelle dont témoigne par exemple la maison Tosetti. Verdasio est accessible par la route, mais le village lui-même est interdit aux voitures.

Verdasio (TI), within the administrative area of Intragna, is a typical village of the Centovalli Valley with its traditional middle Ticino construction, which has remained intact until this day. An access road leads to the village, which is closed to cars. Its enclosed character is impressive and the Casa Tosetti bears witness to its cultural richness.

Auf der rechten Seite des Val Verzasca (TI) über dem Vogorno-Stausee liegt isoliert Corippo. Weil das Gebiet weitgehend unzugänglich ist, ist der Ort stark von Abwanderung bedroht – die Stiftung Archicultura versucht, das weitgehend intakte Bergbauerndorf, dessen Steinhäuser zahlreiche Votivfresken aufweisen, zu retten.

Du côte droit de la vallée de la Verzasca (TI), au-dessus du lac de barrage de Vogorno, se trouve le village isolé de Corippo dans un terrain difficilement accessible. Ayant perdu la plupart de ses habitants, son existence est menacée. La fondation Archicultura s'efforce de sauvegarder ce village rural encore fort intact avec ses maisons de pierres aux fresques votives.

Corippo lies isolated on the right side of the Val Verzasca Valley above Vogorno Lake (TI). As the area is virtually inaccessible, the village is threatened by population erosion. The foundation Archicultura is attempting to save this largely intact mountain farming village, whose stone houses exhibit numerous religious votive frescos.

◁ Die kanalisierte Reuss fliesst durch die Reussebene (UR) in den Vierwaldstättersee, vorbei an den Dörfern Erstfeld (ganz hinten), Altdorf und Bürglen (links) und Flüelen (am See). Gezähmt ist die Reuss auch in ihrem künstlichen Bett nicht – die katastrophale Überschwemmung der Reussebene 1987 hat das einmal mehr vor Augen geführt.

◁ La Reuss canalisée traverse la plaine de la Reuss (UR) dans le lac des Quatre-Cantons, en longeant Erstfeld (tout au fond), Altdorf et Bürglen (à gauche) et Flüelen (au bord du lac). Même dans son lit artificiel, la Reuss n'est pas domptée: l'inondation catastrophique de la plaine du même nom en 1987 l'a démontré une fois de plus.

◁ Confined in a man-made channel, the Reuss flows through the Reuss plain (UR) into the Lake of Lucerne, passing the villages of Erstfeld (in the distance), Altdorf and Bürglen (left) and Flüelen (on the lake). That the Reuss is not totally tamed in its artificial bed was once again shown by the catastrophic flooding of this plain in 1987.

Am Rande des Hochmoors von Rothenthurm (SZ), des grössten Heidemoors der Schweiz, wird der fruchtbare Torfboden im traditionellen Stil landwirtschaftlich genutzt. Nach alter Bauweise stehen die Scheunen direkt auf den bewirtschafteten Gütern.

A la périphérie de la tourbière bombée de Rothenthurm (SZ), haute tourbière la plus vaste de Suisse, le sol tourbeux fertile fait l'objet d'une exploitation agricole traditionnelle. Les granges se trouvent, conformément à l'ancien mode de construction, directement sur les champs.

At the end of the high moor of Rothenthurm (SZ), the largest moorland in Switzerland, the fertile peaty soil is agriculturally utilized in the traditional fashion. Following long-established custom, the barns stand directly on the fields under cultivation.

Das Herz des Hochmoors von Rothenthurm ist das gut einen Quadratkilometer umfassende Ägeriried. Die Biber schlängelt sich hier durch feuchtes Wiesland, das nur äusserst extensiv bewirtschaftet wird. Durch den «Rothenthurm-Artikel» ist der Moorschutz in der Bundesverfassung verankert: Weder dürfen in Moorlandschaften Anlagen gebaut noch Bodenveränderungen irgendwelcher Art vorgenommen werden.

Le cœur de la tourbière bombée de Rothenthurm est l'Ägeriried couvrant un bon kilomètre carré. La Biber serpente ici à travers des prairies humides que l'on exploite très extensivement. En vertu de l'«article de Rothenthurm», la protection des tourbières est inscrite dans la Constitution fédérale. Les installations et aménagements de tout genre ainsi que toute modification du sol y sont interdits.

The heart of the Rothenthurm high moor is the Ägeriried, an area of about a square kilometre (0.4 square mile). Here the River Biber winds through a wet meadowland that is only very sparingly cultivated. Thanks to the "Rothenthurm Article", protection of the moorland has now been incorporated into the Swiss federal constitution: in the moor countryside there can be neither any new construction nor any alterations to the terrain whatsoever.

◁ Ein Netz von Erschliessungsstrassen führt zu den Bauernhöfen im Appenzellerland bei Schönengrund (AR, unten) und Schwellbrunn (oben) – Lebensadern, welche die Landschaft vor dem Aussterben bewahren. In der hügeligen Gegend, die gegen 1000 m Höhe erreicht, dominiert die Milch- und Viehwirtschaft.

◁ Un réseau de routes d'accès conduit aux fermes de l'Appenzell près de Schönengrund (AR, en bas) et de Schwellbrunn (en haut), véritables artères vitales qui préviennent l'exode rural. Dans cette région de collines qui atteignent env. 1000 m d'altitude, la laiterie et l'élevage sont dominants.

◁ A network of access roads leads to the farms of the Appenzell country near Schönengrund (AR, below) and Schwellbrunn (above) – vital arteries that keep the countryside from dying out. In the hilly regions, extending up to about 1,000 m (3,280 ft), dairy farming and cattle raising predominate.

Am 26./27. Februar 1990 fegte das Sturmtief «Viviane» über die Schweiz hinweg und richtete dabei enorme Waldschäden an; besonders hart wurde das Berggebiet getroffen. Am 12. Juli 1990 sind die Stämme in einem Schadengebiet am Panixerpass (GR) bereits gerüstet und für den Abtransport vorbereitet.

Les 26 et 27 février 1990, *Viviane* passa sur la Suisse et causa dans les forêts des dommages énormes. Les montagnes furent particulièrement touchées. Dans une région sinistrée sur le col du Panix (GR), les grumes sont déjà prêtes pour leur transport.

On 26–27 February 1990 the storm "Viviane" passed through Switzerland, inflicting enormous forest damage; the toll was especially high in the mountains. In this picture taken on the Panix pass (GR) on 12 July 1990, the tree trunks in a damaged area have been cleaned off and prepared for their removal.

Das Val Cluozza (GR) ist das Herz des Nationalparks, der sich am Ofenpass im Unterengadin über fast 170 km^2 erstreckt. Es wurde 1909 vom neu gegründeten Schweizerischen Bund für Naturschutz (heute Pro Natura) gepachtet und – als erster Teil des heutigen Parks – unter Schutz gestellt.

Le Val Cluozza (GR) forme le cœur du Parc national suisse qui s'étend, au col du Fuorn, en Basse-Engadine, sur presque 170 km^2. Il fut pris à bail en 1909 par la Ligue pour la protection de la nature (aujourd'hui Pro Natura), alors nouvellement fondée et fut placé sous protection en tant que première partie du parc actuel.

The Val Cluozza valley (GR) is the heart of the Swiss National Park, extending in all directions from the Ofen pass in the Lower Engadine over an area of almost 170 square kilometres (66 square miles). It was leased in 1909 by the newly-established Swiss Association for the Protection of Nature (today Pro Natura) and placed under government protection as the first section of today's park.

◁ Das Schloss Tarasp (GR), auf einem Felssporn in der alpinen Landschaft des Unterengadins gelegen, ist eine der eindrücklichsten Burgen im Alpenraum. Die Anlage wurde im 11. Jahrhundert von den Herren von Tarasp erbaut, gelangte 1464 in österreichischen Besitz und wurde 1803 dem Kanton Graubünden überlassen.

◁ Le château de Tarasp (GR), perché sur un éperon rocheux dans le site montagneux de la Basse-Engadine, est l'une des anciennes demeures seigneuriales les plus impressionnantes de l'arc alpin. Il fut édifié au XIe siècle par les seigneurs de Tarasp, passa en mains autrichiennes en 1464 et fut cédé au canton des Grisons en 1803.

◁ The castle of Tarasp (GR), built atop an outcropping of rock in the Lower Engadine valley, is one of the most impressive in the entire Alpine region. It was built by the lords of Tarasp in the 11th century, came into Austrian ownership in 1464 and was allocated to the Canton Graubünden in 1893.

Ein Blick auf die Dächerlandschaft von Soglio (GR) im Bergell beweist, dass auch von Menschen geschaffene Strukturen interessant und harmonisch in die Landschaft eingefügt sein können. Das Haufendorf, dessen Häuser einheitlich mit dem metallen schimmernden lokalen Schiefer gedeckt sind, besticht durch seine Geschlossenheit.

Le coup d'œil sur le «paysage de toits» de Soglio (GR) dans le Val Bregaglia prouve que les structures créées par l'homme peuvent, elles aussi, s'insérer harmonieusement et pittoresquement dans le paysage. Ce village-tas, dont les maisons sont uniformément couvertes d'ardoise aux reflets métalliques provenant de la région, séduit par son unité et son homogénéité.

This view of the roofs of Soglio (GR) in the Bergell valley proves that even man-made structures can fit into the landscape in an interesting and harmonious way. This nucleated village, whose houses are uniformly covered with local slate shimmering with metallic components, is especially impressive for its compactness and unity.

Der Zersiedelung der Landschaft wurde im Oberengadin (GR) erst spät Einhalt geboten. Während in Silvaplana (unten) mit dem Bogen der Umfahrungsstrasse die Grenzen des Wachstums grosszügig, aber klar abgesteckt sind, hat sich der Ortsteil Surlej jenseits des Sees weitflächig ausgebreitet.

C'est tardivement que l'on enraya le mitage des sites en Haute-Engadine (GR). Alors qu'à Silvaplana (en bas) on fixa généreusement mais nettement les limites de la croissance avec la grande courbe de la route de contournement, le quartier de Surlej de l'autre côté du lac s'est largement étendu.

In the Upper Engadine (GR), uncontrolled development of the countryside was stopped only relatively late. While in Silvaplana (below) the limits of growth are generously but clearly shown by the curve of the bypassing road, "development" of the village of Surlej on the other side of the lake has been pushed forward in several directions.

◁ Die Versamschlucht im unteren Vorderrheintal (GR) ist in der Schweiz einzigartig. Der Rhein hat sich hier durch die Hunderte von Metern hoch abgelagerte Schuttmasse des späteiszeitlichen Flimser Bergsturzes gefressen und dabei eine teilweise vegetationslose Erosionslandschaft geschaffen.

◁ La gorge de Versam dans le bas de la vallée du Rhin antérieur (GR) est unique en Suisse. Le Rhin y a rongé son lit dans les masses de matériaux hautes de centaines de mètres, que l'éboulement géant de Flims y avait apportées à la fin de la dernière époque glaciaire, et a créé un site d'érosion en partie dépourvu de végétation.

◁ The Versam gorge in the lower Vorderrheintal (GR), a valley of one of the arms of the upper Rhine, is unique in Switzerland; here the Rhine has eaten away hundreds of metres of rubble deposited by a landslide of the Flims mountains during the Late Ice Age and made it into an erosion landscape partly devoid of vegetation.

Bei Eschenz (TG), am untersten Ende des Untersees, kurz vor dem Ausfluss des Rheins bei Stein am Rhein, haben sich in einer stillen, untiefen Bucht grosse Algenteppiche gebildet. Die Aufnahme stammt aus dem Jahr 1976; heute ist der Algenteppich weitgehend verschwunden: Wasserschutzvorschriften und Kläranlagen zeigen Wirkung!

Dans les parages d'Eschenz (TG), à l'extrémité de l'Untersee, peu avant la sortie du Rhin près de Stein am Rhein, de grands tapis d'algues se sont constitués dans une anse aux eaux tranquilles, peu profondes. Cette photographie date de 1976; aujourd'hui, le tapis d'algues a presque disparu: les prescriptions sur la protection de l'eau et les stations d'épuration produisent leurs effets.

Near Eschenz (TG) at the lower end of the Untersee, just before the Rhine exits at the town of Stein am Rhein, a large carpet of algae has formed on a still, shallow bay. This photo was taken in 1976; today the carpet of algae has largely disappeared, showing that water protection regulations and treatment plants have done their work.

Die Insel Werd liegt nahe bei Stein am Rhein (SH) auf Thurgauer Kantonsgebiet. Hier starb im Jahr 759 der heilige Othmar, der erste Bischof von St. Gallen, in der Verbannung. Schon im Mittelalter wurde zu seinen Ehren eine Wallfahrtskapelle errichtet.

L'île de Werd, à proximité de Stein am Rhein (SH), mais encore sur territoire thurgovien. C'est ici que mourut dans son exil, en l'an 759, saint Othmar. Une chapelle de pèlerinage fut déjà élevée en son honneur au Moyen Age.

The island of Werd, near Stein am Rhein (SH) but actually belonging to Canton Thurgau. Here St. Othmar, the first bishop of St. Gall, died in exile in the year 759. A pilgrimage chapel in his honour was erected here by the time of the Middle Ages.

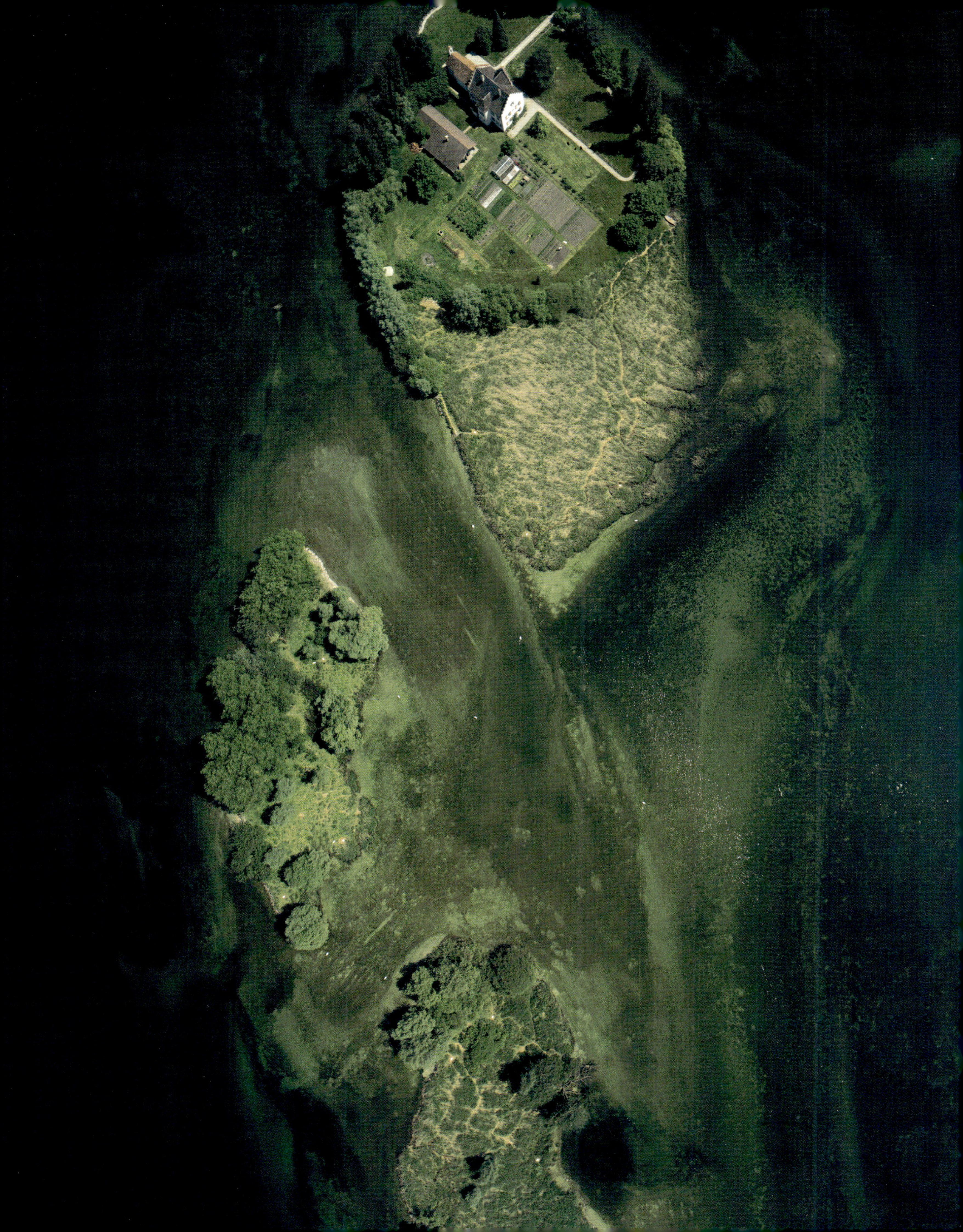

◁ Bei Sargans (SG, links unten) zweigt das Seeztal vom Rheintal ab. Das Tal, in den Eiszeiten vom Rheingletscher ausgeschliffen und mit Geschiebe aufgefüllt, ist geologisch als Nahtstelle zweier Deckenmassive vorgezeichnet. Oberhalb Sargans ragt der Gonzen auf, jenseits des Rheins die verschneiten Gipfel des Vorarlbergs.

◁ Près de Sargans (SG, en bas, à gauche) la vallée de la Seez s'embranche sur la vallée du Rhin. La vallée, meulée par le glacier du Rhin aux époques glaciaires et comblée par les alluvions, était destinée par les données géologiques à devenir le point de jonction de deux massifs. Au-dessus de Sargans se dresse le Gonzen, de l'autre côté du Rhin s'élèvent les cimes enneigées du Vorarlberg.

◁ The valley of the Rhine, branching off at Sargans (SG, below left), carved out and filled with debris by the Rhine glacier during the Ice Age, is already traced out by the geological conditions of this area as a seam of two surface massifs. Looming above Sargans is the Gonzen, on the far side of the Rhine the peaks of the Vorarlberg.

Der Rheinfall (SH/ZH), grösster Wasserfall Westeuropas, ist nach der letzten Eiszeit entstanden. Der 25 m hohe, 175 m breite Abbruch ist durch zwei Felsen in den Schaffhauser und den Zürcher Fall getrennt. Über 1000 m^3 Wasser pro Sekunde donnern im Frühsommer, während der Schneeschmelze, über die Felsen hinab.

La chute du Rhin (SH/ZH), cascade la plus haute d'Europe occidentale, s'est constituée après la dernière glaciation. Deux rochers séparent cette chute, haute de 25 m et large de 175 m, en chute de Schaffhouse et chute de Zurich. Plus de 1000 m^3 d'eau par seconde y descendent en grondant lors de la fonte des neiges.

The Rhine Falls (SH/ZH), the largest waterfall in Western Europe, formed after the last Ice Age. This shelf, 25 m (82 ft) high and 175 m (575 ft) wide, is separated into the Schaffhausen and the Zurich falls by two cliffs. About 1,000 cubic metres (35,313 cubic feet) of water per second thunder over the falls in the early summer when the snow is melting.